SeaEagle

SeaEagle

SeaEagle

SeaEagle

包山包海，有趣有料

很冷很冷的冷知識

前言：

它們不是不重要，只是你從來不知道！

科幻小說作家阿西莫夫有一句名言：「人類是擁有無用知識越多越快樂的動物！」這裡所說的「無用知識」，其實就是那些經常被我們忽略的「另類知識」——冷知識。

世界如此地廣闊，知識海洋更是無邊無際，我們的知識都是相對有限的，但是在現實生活中，還有許多跳脫嚴謹的教育體系和嚴肅的教學傳統的冷知識，值得我們去深刻發掘和嘗試解答。

這些既新奇有趣又包羅萬象的冷知識，為什麼對我們非常重要？因為它們是讓我們成為社交達人必須具備的終極武器！

在無聊的生活或是枯燥的工作中，如果掌握一些稀奇古怪的冷知識，就可以立刻告別冷場和製造話題，成為受人歡迎的人際高手和溝通天才，讓所有人從此對我們刮目相看，進而提升人際關係和拓展公司業績。

無論我們從事什麼工作，都可能會遭遇各種壓力和挫折，但是請記住：不要被它們折磨得喘不過氣。我們只需要調整心態，從「快樂」兩字入手，讓自己興奮起來，啟動自己對生活的興趣，就可以成為一個有趣而快樂的人。

在此，我們所做的就是奉獻這本書給你，讓你可以從中找到釋放生活壓力的精彩之處，使自己真正進入放鬆的心態中。

本書集結關於事物由來、謬見禁忌、字詞本義、趣聞雜談等方面的冷知識，透過發現過去不曾察覺到的事物，以喚醒生活觀察之趣味。

世界上的知識那麼多，我們只要學習自己必須知道的有用知識，以及瞭解這些極有趣味的冷知識，讓自己獲得無比快樂，這樣就足夠了！

目錄

| 關於商業的一些事 |

| 標識・符號 |

| 音樂 · 舞蹈 |

| 關於體育的一些事 |

事物由來

謬見・禁忌

| 關於中國的一些事 |

| 字詞本義 |

| 趣聞雜談 |

| 天文・地理 |

| 這一國與那一國的事 |

| 幾百年以前的一些事 |

| 這塊地與那塊地的事 |

與日子有關的一些事

與說話有關的一些事

| 與文學有關的一些事 |

關於商業的一些事

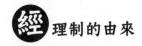
經理制的由來

1841年10月5日，在美國連接麻薩諸塞——紐約的西部鐵路上，兩列客車迎頭相撞。一名列車員和一名乘客遇難身亡，另有十七人受傷。一時之間輿論譁然，嚴厲批評老闆沒有能力領導和管理現代化企業，在麻薩諸塞州議會的推動下，這個鐵路公司進行改革，建立各級責任制，選拔有管理才能的人擔任領導者。老闆作為資本所有者只拿資本紅利，不管企業業務。這就是美國第一家由全部拿薪水的經理人員管理的企業。「經理制」也由此產生。這個改革的實質在於財產所有權與經營管理權的分離，它立刻在企業管理中顯現出巨大的優越性，進而迅速得到推廣。

合約小史

合約是我們在經濟交往中使用得比較廣泛的一種文體。這種文體早在周朝就開始應用，最早叫做「質要」，「質」就是作為保證的人或物，「要」就是約或結的意思。在春秋戰國時代，由於市場上買賣交易的需要，又出現一種長短大小不同的憑證契券，稱為「質劑」。由於沒有紙，用薄木片書寫，用於牛馬交易，使用長木片書寫的契券稱為「質」，用於兵器珍寶交易而使用短木片書寫的契券稱為「劑」。在諸侯國之間，又把結盟的時候書寫的憑證契券稱為「約劑」，兩國各執一份，供以後發生爭端或訴訟的時候作為證明之用。東漢時期，把憑證契券稱為「契」。到了唐代，開始把憑證契券稱為「合約」。唐代以後，直到元明時期，「質劑」、「契」、「合約」都混用。清代，只稱「合約」、「文契」、「契約」。清代後期，多稱合約為「契約」。

民國時期，沿用清制，並且有雙務、片務、有償、無償、要式、不要

式、口頭等多種類型的契約。

的由來

中國使用貨幣是歷史悠久的。錢，最初稱為「泉」，因為錢像泉水一樣，取其可以流通四方的意思，後來寫成形聲字——錢。

錢幣，古人說它「為世神寶，親愛如兄」。周朝所鑄錢幣，形狀外圓而內有方孔，所以又叫做「孔方兄」。為了攜帶方便，把「孔方兄」用繩子串起來，一千為一貫。十五貫，即一萬五千錢。

銀行的由來

銀行是商品貨幣經濟發展的產物，由鑄幣兌換業務發展而來。銀行一詞來自於義大利banca一詞，原意是長凳。西元11世紀以後，歐洲市場上進行大宗交易所使用的貨幣種類越來越多。為了辨別和鑑定貨幣，方便流通，有一些人就在市場上擺設錢攤，專門從事貨幣的兌換業務。這些人辦理業務的時候，通常是坐在一條長凳上。所以，商人們就把他們稱為banca，意思是坐長凳的人。後來，英語演變為bank，即儲錢櫃的意思。

在中國，最早提出銀行一詞的人是太平天國的洪仁玕。1859年，他在《資政新篇》中提出「辦銀行」的改革主張。因為白銀在中國貨幣制度上佔據優勢，已經有千餘年的歷史，「銀」字往往就代表貨幣。這就是中國把貨幣信用機構命名為「銀行」的由來。

世界上最早的銀行是義大利1580年在威尼斯成立的。

18世紀末期至19世紀初期，銀行得到普遍的發展。1845年，中國出現第一家新式銀行——東方銀行，但它是英國人開設的。中國自己創辦的

第一家新式銀行——中國通商銀行，是1897年在上海成立的，然而這是官商合股的銀行。作為第一家國家銀行——戶部銀行，是1904年由清政府戶部籌辦的，設於北京。1908年，戶部銀行改稱為「大清銀行」，它是當時全國最大的金融機構。

鈔票的由來

根據古籍記載，早在11世紀的北宋中期，貿易市場上已經開始使用一種叫做「交子」的紙幣。「交子」，又稱為「錢引」，根據考證是北宋徽宗崇寧大觀年間發行的，這是人類使用紙幣最早的記載。因此，中國是世界上第一個使用紙幣的國家。

繼北宋使用紙幣「交子」之後，南宋使用的紙幣叫做「會子」，金代使用的紙幣叫做「交鈔」、「寶券」，元代使用的紙幣叫做「元寶交鈔」、「通行寶鈔」，明代使用的紙幣叫做「大明寶鈔」、「洪武寶鈔」。

到了清代，發行以銀兩為單位的紙幣，稱為「戶部官票」，上面印有：「戶部奏行官票。凡願將官票兌換銀錢者，與銀一律並准按部定搭交官項，偽造者依律治罪不貸。」以銅錢為單位的紙幣叫做「大清寶鈔」。「戶部官票」與「大清寶鈔」發行以後，民間就把「寶鈔」與「官票」合二為一，簡稱「鈔票」。這就是「鈔票」一詞的由來。

金額大寫的來歷

根據史書記載，在朱元璋執政的明朝初年，有四大案件轟動一時，其中有一件重大貪污案「郭桓案」。郭桓曾經擔任戶部侍郎，他利用職權，勾結地方官吏大肆侵吞政府錢糧，貪污累計達二千四百萬石精糧，這個數

字幾乎和當時全國秋糧實徵總數相等。此案牽連十二個政府高官、六個部的大小官員，以及全國許多大地主。朱元璋對此大為震驚，他下令將郭桓等同案犯幾萬人斬首示眾，同時制定嚴格的懲治經濟犯罪的法令，並且在全國財務管理上實行一些有效措施，其中比較重要的一條就是把記載錢糧數字的漢字「一二三四五六七八九十百千」改用「壹貳參肆伍陸柒捌玖拾百千」。這個方法的實行，堵住一些帳務管理上的漏洞，對鞏固新生的明朝政權產生一定的作用。後來，人們在使用這種數字記帳的過程中，又逐漸用「佰仟」二字取代「陌阡」二字。

💲 符號的來歷

「＄」是貨幣的一種代表符號。

提起「＄」的由來，要追溯到16世紀初期，當時西班牙鑄造一種名為「PESO」（披索）的銀元。這種銀元的圖案，一面是皇冠和王徽（獅子和城堡），一面是兩根柱子。根據西方神話，它們是大力士海克力斯的柱子，代表直布羅陀海峽兩岸的山峰。

相傳，很久以前，歐洲和非洲彼此連接，後來被大力士海克力斯拉開。1732年，墨西哥城用機器鑄造出一種「雙柱銀元」，其圖形與「PESO」差不多，只是在兩柱之間加上東西兩半球的圖案，兩柱上各有一條捲曲成「＄」狀的圖形。時間久了，人們就將「＄」視作銀元的記號。時至今日，世界上還有許多的國家採用「＄」作為本國貨幣的符號。

¥ 符號的來歷

「¥」是中國大陸人民幣的符號。

中共在1948年12月1日開始發行的人民幣，是以「元」為單位，

「元」的英文拼音為YUAN。取元的英文拼音的第一個字母，再添加兩橫，組成「￥」，規定為人民幣的符號。

信 用卡的來歷

你知道信用卡是怎樣發明的嗎？說來還有一段趣聞。

據說在1950年，一位頗有社會地位的美國人邀請一群朋友吃晚餐，吃得杯盤狼藉。正待付帳時，此人突感不妙——忘記帶錢包！當時狼狽尷尬的處境，可想而知。

回家以後，這個人對當天晚上的醜劇一直耿耿於懷，無法忘卻。前車之鑑，今後如何預防才不至於重演？慎重考慮再三，他找來一批富豪鉅賈共商大計，想出一個吃喝玩樂的時候，既不必帶錢，又可以抬高身價的周全之策——開設一家信用卡公司。

不久之後，世界上第一家信用卡公司成立了，它就是「DINERS CLUB」國際信用卡公司。不難看出，「DINERS CLUB」源出於那位仁兄當年請客吃飯而忘記帶錢的事情。

商 人的由來

古往今來，人們為什麼把買賣人稱為「商人」？「商人」一詞的由來，與中國商業的起源與形成，有一段有趣的故事！

在原始社會後期，出現以物易物的交換活動。到了夏代，在社會上出現一部分專門從事交換的人。西元前一千多年，黃河下游居住一個古老的部落，他們的祖先叫做契。由於契在大禹治水時有功，被封為商，這就是古代的商族。契的六世孫王亥聰明多謀很會做生意，經常率領很多奴

隸，駕著牛車到黃河北岸做買賣。有一天，王亥在販運貨物途中，突然遭到狄族有易氏襲擊，搶走貨物和隨從的奴隸，並且殺死王亥。王亥有一個兒子叫做上甲微，聽到父親被殺害的消息以後，立刻興兵討伐有易氏。最後，終於滅掉有易氏，商族的勢力也擴展到易水流域。到了孫湯（商族後裔），商族的手工業已經相當發達，特別是紡織業，花色品種優於其他各族。孫湯為了削弱夏的國力，就組織婦女織布紡紗，換取夏的糧食和財富，把貿易作為政治鬥爭的武器。最後，滅掉夏代的統治者夏桀，建立商朝。商朝以農業為主，定居耕種，手工業也相當發達。

周朝建立以後，商族人由統治者變成種族奴隸。過慣奢侈生活的商族貴族，每況愈下。商族人為了過著更好的日子，紛紛重操舊業，到各處去做生意。久而久之，就在周族人的心目中形成一個概念：做生意的人都是商族人。後來，「族」字也慢慢去掉，簡稱為商人。這個稱呼一直沿襲至今。

標識・符號

徽的由來

在音樂書刊或音樂會上，我們經常看到樂徽圖案，這個圖案是最古老的彈奏樂器——抱琴，它源於亞洲而流行於希臘。這種樂器古樸莊重，美觀大方，全世界人民都珍視它。所以，以它作為樂徽，用以象徵音樂藝術。

最早的抱琴，用龜殼做琴身，空心，琴身旁側伸出的兩臂亦為空心體。琴弦用羊腸或馬腸製成，繫於Ｕ字形上方的木橋上。琴弦數量隨時代而不同，少則三、五、七條，多則十餘條。演奏的時候，抱於懷中，左手按琴弦，右手彈奏。

十字架象徵什麼？

「十字架」是古羅馬時代一種殘酷的刑具，這副刑具是十字形的。受刑者雙手和雙腳被釘在十字架上，然後讓其慢慢死去。根據基督教《新約全書》記載，基督教的創始人耶穌就是死於十字架上。因此，基督教徒視十字架為受難或死亡的象徵。基督教徒戴十字架表明自己信奉基督，不是裝飾品。

紅十字的來歷

紅十字的標誌來自瑞士的國旗。1859年4月，義法聯軍對奧戰爭爆發。索爾費里諾戰役，雙方傷亡達數萬人，斷臂殘肢的傷兵在死屍和腥臭的血污中掙扎呼救，無人過問。這個悲慘景象，被一個瑞士的旅行家亨利·杜南看見。三年以後，他寫下《索爾費里諾回憶錄》，以人道主義的

精神，向世界呼籲成立一個戰地傷兵的救助組織。文章發表以後，日內瓦有一個公益會立即回應，並且推舉亨利・杜南等五人著手組織「傷兵救護國際委員會」。1864年8月，來自十二個國家的代表在日內瓦開會，規定交戰雙方承認醫院和醫務人員的中立，傷病員有不分國家得到治療的權利。傷兵救護國際委員會並且以白底紅十字為標誌，表示向首先發起和全力支援該組織的瑞士致意。1880年，該組織改稱為「紅十字國際委員會」。從此以後，紅十字就成為全世界醫院和醫務設備的標誌。

理髮店和三色柱

當你漫步街頭的時候，會發現理髮店門口，有一根紅色藍色相間的花柱不停地旋轉。這是什麼標誌？它是怎麼來的？1789年，法國爆發大革命。當時，巴黎的革命者深入基層活動，許多理髮店成為革命活動的秘密據點。有一天，一位正在執行特殊任務的革命者遭到敵人的追捕。他機智地跑進一家理髮店，坐在椅子上理頭髮。敵人追來以後，氣勢洶洶地逼問理髮工人：「剛才有一個人鑽進來，你們有看見嗎？快說！」機智勇敢的理髮工人說：「已經從後門跑了！」搜捕的敵人立刻從後門追出去。就這樣，理髮工人成功地掩護這個革命者。

法國大革命勝利以後，為了表彰理髮工人對革命的支持和貢獻，就在理髮店的門前豎起一根玻璃圓筒，裡面裝上象徵法國國旗的紅白藍三色柱，使之不停地旋轉。此後，世界各地的理髮店都紛紛裝上三色花柱，作為招徠顧客的裝飾，一直沿用至今。

歐洲藥店的標記

在巴黎、倫敦、羅馬街頭的一些建築物上，有一個奇特的標記：一條

蛇纏繞在一個高腳杯上，無需打聽，這裡一定是藥店。

歐洲國家以此作為藥店的標記，要追溯到幾千年以前。人類很早就懂得毒蛇有藥用價值，並且有目的地採集蛇毒，提煉成藥。在古希臘神話中，凡是醫神阿斯克勒庇厄斯和他的女兒健康之神許癸厄亞出場時，總是有蛇作伴。在古羅馬的畫家和藝術家的作品中，幾乎都有描繪這位健康之神手拿杯子餵蛇的景象。就這樣，無論在現實生活裡，還是在藝術創造中，蛇都與醫藥結下不解之緣。

中世紀時期，歐洲大陸開始出現直至今天仍然被廣泛使用的這種標記。蛇象徵智慧和善良，以及救護人類的能力，高腳杯代表人類收集蛇毒的工具。

鉛 筆上的字母表示什麼？

當你隨意拿起一支鉛筆來看，它的一端總是印有「H」、「B」、「HB」的英文字母，到底表示什麼？原來，這些字母是標明鉛芯軟硬程度的代號，例如：H表示硬鉛，B表示軟鉛。將各種鉛芯的鉛筆排列來看，則有6H、5H、4H、3H、2H、1H、HB、1B、2B、3B、4B、5B、6B共13種，也就是說：6H鉛芯最硬，6B鉛芯最軟，HB鉛芯軟硬適中，其餘以數字的不同，依次表示軟硬程度的不同。這就告訴人們在選購鉛筆時，應該根據製圖、繪畫、書寫、木材畫線等不同需要，擇取適用的鉛筆。

交 通號誌為什麼採用紅、黃、綠三色？

在城市街道路口和鐵路線上，交通號誌為什麼都是紅、黃、綠三種顏色？這是人們經過研究並且根據光學原理而確定下來。

在紅、橙、黃、綠、青、藍、紫七種顏色中，以紅色光波最長。光波越長，穿透周圍介質的能力越大。因此，在光度相同的條件下，紅色顯示得最遠，人們對紅色的感覺也比較敏感，所以紅色被採用作為停車號誌。

黃色光的波長僅次於紅色光，居於第二位。黃色光透過玻璃的能力大，顯示距離也比較遠，因此被採用作為緩行號誌。

綠色光的波長是除了紅、橙、黃以外比較長的一種色光，顯示距離也比較遠，同時綠色和紅色的區別易於分辨，因此被採用作為通行號誌。

音樂・舞蹈

音 樂 指 揮 的 由 來

在記譜法尚未問世的時代，歐洲的音樂都是依靠口頭傳授。在祭祀舞蹈進行中，領頭的歌手成為最早的指揮，他為了向其他歌手提示旋律的進行方向，就用手在空中「畫」出旋律線。指揮的功能，主要是給大家指出旋律的由低音到高音，或是由高音到低音的進行。這種指揮法，當時被稱為「手勢術」。然而，這種「手勢術」既不方便又不準確，於是線譜應運而生，並且逐步完善。

希臘時代的指揮，有些人用腳，也有些人用頭；有些人喜歡用單手指揮，也有些人慣用雙手指揮；有些人將手絹繫在木棒上指揮，也有些人在風琴旁邊釘上一塊鐵板敲著指揮。

專職的指揮大約出現在19世紀之前。那個時候，指揮合唱團的人手裡拿著一卷譜紙，依照歌曲的旋律而揮動。這卷譜紙當時被稱為「梭法」，指揮樂隊的人大多數使用鐵質手杖敲擊地板。1867年，法國音樂家盧利在一次為法國國王路易十四的演奏中，由於他指揮的時候忘乎所以，竟然誤將鐵杖擊傷腳背，不治而死。於是，人們就淘汰這種可怕的指揮方式。直到1894年，德國作曲家威柏首先使用指揮棒，被音樂界大為賞識，並且逐步推廣而沿用至今。從此，指揮超越簡單的「劃拍子」的原始階段，跨進比較嚴謹和縝密的新階段。有音樂指揮，可以隨時啟發演唱者的感情和調整演唱的氣氛，使樂曲顯得有聲有色而多彩多姿。

五 線 譜

五線譜是一種國際上通用的記譜法，幾乎所有國家都使用它。

遠在10世紀的時候，法國有一個叫做古羅（又譯為古多）的音樂家，

開始用四條橫線表示音的高低，又把當時流行的一種表示音的長短的符號放在四條橫線中以記載樂曲，這就是五線譜的雛形。這在當時是一個很偉大的發明，震動全歐洲音樂界。羅馬教皇聽說此事，把古羅召至羅馬，給他一筆重賞，並且讓他把羅馬教堂所收藏的樂譜一律改為「古羅式記譜法」，也叫做「四線譜記譜法」。

到了12世紀，有些人把表示音的高低的四條橫線改成五條橫線，但是這樣的五線譜仍然不完善，例如：小節線和拍號等符號，還沒有出現。直到16世紀，五線譜才逐漸完善，和我們現在使用的差不多。

多 來咪發梭拉西的由來

在11世紀，當時教會裡唱讚美詩，只有「1、2、3、4、5、6」這六個音。後來，義大利僧侶音樂家歸多把聖樂的一首讚美詩每行歌詞的第一音依次排列，剛好是「六聲音階」。因此，他就用每行歌詞的第一個音節「烏來咪發梭拉」來代表六聲音階。不久之後，七聲音節問世，把原來捨棄的那些讚美詩最後一句「聖約翰」幾個字的第一音字母拼起來，成為第七個唱名「7」，發音為「西」。到了17世紀，義大利音樂家布隆契認為第一音名「烏」不響亮，提出換用「多」音，他的意見為許多音樂家所接受，於是「1、2、3、4、5、6、7」就正式成為今天的唱法。

簡 譜的由來

用「1、2、3、4、5、6、7」這七個阿拉伯數字構成音樂簡譜，是法國的蘇埃蒂修道士發明的。他是世界上最早使用數字記譜的人，這個簡譜16世紀中葉成型於歐洲。

蘇埃蒂專門從事教徒們的教唱工作，過去沒有歌譜，教徒們學習唱

讚美詩，是由修道士或牧師口頭傳授。隨著歌曲的難度增大，這種形式已經不適應教徒們學唱的需要。因此，蘇埃蒂在1665年寫了一本書，名叫《學習素質和音樂的新方法》，創立一種數字簡譜，即用阿拉伯數字的1、2、3、4、5、6、7來代表音階中的七個音，隨後又由法國啟蒙運動的傑出代表盧梭等人加工而漸趨完善。

後來，又有數學教師加蘭、律師巴里、醫生瑟威等人加以改進，簡譜逐漸為人們所接受。

1878年至1882年間，美國有一個名叫麥森的音樂教師，被聘到日本講學，將簡譜傳到日本。清代末年，簡譜由日本傳入中國。目前，普遍使用的是麥森教師所講學的一種簡譜。

鋼琴的由來

現代鋼琴的直接前身是古鋼琴（或是叫做老式鋼琴）和羽管鍵琴。18世紀初期，義大利人巴爾托洛梅奧·克里斯多福里在羽管鍵琴上改用帶小槌的鍵盤機，用特製的鹿皮包裹在上面。這樣一來，在彈奏的時候就可以隨意改變小槌的敲擊力，進而使鋼琴的音量得到改變，增強它的表現力。樂器發明者稱它為「有強弱的羽管鍵琴」。作家史皮昂·馬菲對這個改革很感興趣，他寫了一篇介紹文章而後譯成德文，文章啟發戈特弗里德·希爾伯曼，使他開始製造鋼琴。

1760年，希爾伯曼的學生喬安利斯讓皮又將鋼琴製造技術傳到英國。

18世紀時期，鋼琴上的張弦是用木框，琴弦則以銅絲為主，配用鐵絲。隨著工業的發展，冶煉技術不斷提高。1825年，鋼琴弦架開始改用鑄鐵架（又稱為「鋼板」），又於1834年開始裝用鋼弦。1839年，開始用毛氈代替鹿皮裹製小槌。1855年，出現琴弦交叉排列的鋼琴（在此以

前，琴弦是平行排列）。以上一連串改革，潤飾鋼琴的音色，增大鋼琴的音量，增強鋼琴的表現力。

1821年，法國人艾拉爾採用槓桿和簧條的方法，改進鋼琴擊弦機械的結構，使擊弦機可以迅速重複擊弦，給快速演奏創造條件。

吉他的由來

吉他以迷人音色吸引無數青年，成為當今最受歡迎的樂器之一。它集旋律、聲音、節奏於一體，既可以演奏正規嚴謹的古典音樂，也可以演奏輕鬆活潑而風采各異的民歌小曲和現代樂曲。

吉他最初是由多種樂器逐漸融合而成，中世紀歐洲流行的魯特琴和比維拉琴，就是今日吉他的化身。16世紀30年代，就有人在比維拉琴樂譜中最初使用「吉他」一詞。到了17世紀，吉他在西班牙已經十分流行，西班牙被公認為是吉他的故鄉。18世紀和19世紀的歐洲，由於法國資產階級革命的影響，音樂生活從貴族的沙龍轉移到平民可以出入的音樂廳，給吉他的發展創造條件，湧現出一大批優秀的吉他演奏家、作曲家、教學家、製作家。

口琴小史

說起口琴的由來，還有一段極有興味的軼聞！1821年的某一天，德國有一個名叫布希曼的音樂家，在托斯恩小城散步，偶然發現一個農家女孩坐在門口玩耍，一雙胖嘟嘟的小手拿著一把貼著一張硬紙的木梳放在嘴邊吹著，布希曼心裡一亮。回去以後，就根據中國古代笙和羅馬笛的發音與吹奏原理，用象牙雕刻成「藥丸筒」似的口琴，這就是世界上最早的口琴。1857年，布希曼在托斯恩創辦專門製造口琴的公司，製造出第一批

口琴，並且很快銷售到歐美各地。到了1885年，經過不斷改進，口琴才具備現在的特點：琴身偏長，內裝一些簧片，按照自然音階排列，用嘴吹吸發音。口琴逐漸風靡世界各國，成為人們所喜愛的樂器之一。

小 提琴的由來

小提琴是最富有表現力的樂器之一，被稱為「樂器皇后」。它的聲音像唱歌一樣，最活潑，在管弦樂隊居於領導地位。

關於小提琴的由來，說法不一，一是說小提琴是根據義大利古提琴沿革而來。二是說在古代的埃及，有一個叫做莫可里的人，發現在河邊上拾到的一個大貝殼裡可以發出好聽的聲音，於是就安上弦然後用弓子拉，傳說這就是原始的小提琴。三是說最早的小提琴出現在阿拉伯，琴的形狀像一個鴨梨，演奏的時候就像現在拉大提琴似的，後來才演變成現在這樣，把小提琴放在左邊鎖骨上，用左下顎將它夾住。四是說小提琴是由斯拉夫民間樂器吉格發展而來。根據它的五度定音和四根弦，以及指板上沒有固定音階的象徵，許多學者認為古典小提琴就是以波蘭的吉格琴為原型，在義大利被改進。1528年，德國人阿格利柯拉在自己的著作中，稱他自己製作的世界上最早的一把小提琴為波蘭的吉格琴。

芭 蕾小史

芭蕾，被稱為「跳躍和旋轉的藝術」。芭蕾舞起源於大約五百年以前的義大利，形成於17世紀的法國，18世紀傳入俄國，後來逐漸流傳到其他國家。

1489年，在米蘭大公加里阿諾和阿拉貢的公主伊薩貝爾結婚的喜宴上，出現以詩歌、音樂、舞蹈三者互相結合的新節目，穿著神話人物服裝

的「眾神」，載歌載舞地活躍在宴會上，充分地施展藝術家的才能，受到與會者的熱烈歡迎。很快的，這種形式的表演藝術傳到法國，更是風靡一時。從此，這種形式的表演就被人們稱為「芭蕾」。

四百多年過去了，芭蕾雖然已經發展成為運用獨舞和群舞，附加音樂和布景等手段，表現一種詩情畫意，或是一連串概念和一個故事情節的令人賞心悅目的劇場藝術，但是「芭蕾」這個稱呼卻沿用至今。

過去，男演員一直在芭蕾舞中佔據主要地位。18世紀中葉，經過服裝改革，女演員捨棄妨礙旋轉和跳躍的拖地長裙，揭開「女主男輔」的芭蕾新史。芭蕾在18世紀傳入俄國以後，於1877年在莫斯科首次公演《天鵝湖》。

 華爾滋

圓舞曲源於奧地利北部山區蘭特爾的農民舞蹈，所以又叫做「蘭德勒」，原本只在民間盛行，到了19世紀之後，就普遍推廣。說起來，與那個時候歐洲的戰亂以及法國大革命的風暴有關。各國人心思動，許多人想要從狂舞中得到某種安慰，圓舞曲顯得熱情奔放，毫無拘束，很快就受到青年男女的歡迎。但是，這個時候受到一些上流人士的抵制，當時的奧地利首相梅特涅曾經與夫人包利奈哀產生激烈的爭論。夫人責問丈夫：「親愛的，你怎麼可以提倡大家來學習這種庸俗不堪的華爾滋（圓舞曲）……」梅特涅說：「那是多麼好的舞蹈，你很快也會喜歡它。」這位首相力排眾議，大力鼓勵推行圓舞曲。因此，在歷來的音樂典籍中，都記載這位首相的名字。

當然，這種早期的農民舞曲發展成現在的圓舞曲，也經過許多音樂家的努力。首先是韋伯和舒伯特，他們把圓舞曲節奏加快，區別於慢三拍的小步舞，並且應用在舞會和自己的作品中。爾後，維也納小提琴家蘭納又

把它改良豐富。最後，再由圓舞曲大師約翰・史特勞斯全面對圓舞曲進行改造和提升，他一生中寫過《藍色多瑙河》、《春之聲圓舞曲》、《南國玫瑰圓舞曲》等一百六十八首膾炙人口的圓舞曲，為後人留下一筆豐厚的音樂遺產，被世人稱為「圓舞曲大王」。

交際舞的由來和發展

「交際舞」是從民間舞蹈（即農民舞蹈）發展而來。隨著社會生活的發展，民間舞蹈分為兩支。在以宮廷文化為中心的封建王朝時期，民間舞蹈的一支，上升為宮廷舞蹈。在以都市文化為中心的資本主義時期，民間舞蹈的另一支，變成交際舞，作為市民的休閒娛樂活動。農民冬閒或節日舞蹈，大多以八人四對的形式，步法大多是「走步」和「跑跳步」。

到了20世紀，歐洲的傳統民間舞步，典型的「瑪蘇卡」、「休提士」、「華爾滋」發掘殆盡，美國黑人的「爵士舞」應運而生。後來，舞蹈語彙又繼續豐富，轉入阿根廷的「探戈」、古巴的「倫巴」、巴西的「森巴」。這些舞步大多有一定生活依據：「倫巴」舞步源於頭頂重物轉步的時候變換重心的節奏，「森巴」則是模仿棕櫚臨風搖曳之狀。

迪斯可音樂

迪斯可，是英文Disco的譯音。迪斯可音樂始於1975年，是一種新型的流行音樂。這種音樂的製成，與其說是創作，不如說是一種音響的合成，它的創作室就是錄音室，依靠錄製人們利用各種電聲設備和電子樂器把各種聲音進行技巧性的編織。在其他流行音樂中，每一個成員都貢獻一份力量，但是在迪斯可音樂中，只有錄製人才是唯一知道將來錄好的唱片是什麼聲音的人，那些音樂家們甚至不知道自己演奏的東西被編在裡面以

後將會成為什麼模樣。製作的時候，每一個錄製人都有自己的錄製方法，但有些是基本相同的。首先，把低音鼓和低音吉他的節奏錄到音軌上，然後把多達四五十層的聲音疊加起來——其中包括電子合成樂器的聲音。最後，再把人聲加進去。於是，這類迪斯可音樂主要依靠錄音和唱片放出，舞台表演也要依靠各種電聲設備和音樂合成技術，編排錄製者代替音樂創作。

從音樂的特點來看，這種音樂具有情緒的感染，以強烈的節奏來鼓動人心，不像過去的流行音樂那樣，具有赤裸裸的社會意識，宣揚某種背叛精神和淫亂。它不重複思想內容，所以一般總是把旋律和歌詞減少到最低程度，強調發揮低音部的節拍性的音型，形成一種像節拍器那樣不斷重複，經常出現急催大鼓似的重擊節拍。迪斯可音樂的關鍵在於節奏音響，它的狂熱性和振奮情緒的力量也在於此。迪斯可音樂和那些「披頭四」或「滾石」之類的流行音樂相比，具有更多的觀賞娛樂的意義。

 ## 爵士音樂

「爵士音樂」中的爵士，是「jazz」的漢語譯音，這是一種節奏強烈的美國黑人音樂。爵士音樂強調演奏不必受到曲譜的嚴格限制，它最明顯的特點是即席發揮。音樂因演奏者而異，演奏者的藝術風格可以得到淋漓盡致的表現。

殖民者把歐洲的豎琴、黑管、銅管、鋼琴等樂器和流行的音樂帶到美洲。美國內戰結束以後，軍樂隊解散，大量樂器廉價拍賣而流向民間。美國黑人利用買來的樂器和自製的樂器，把他們聽到的歐洲音樂根據自己的理解加以改造，在操練、宴會、宗教儀式、殯葬等場合演奏。這種黑人音樂節奏明顯，狂喊刺耳，卻不乏自然酣暢和譏諷幽默之感，深受美國黑人喜愛，逐漸地蔓延，湧向社會其他階層。

最初，往往在這樣的情形，一支出殯的長隊，樂隊演奏悠揚緩慢的哀歌，天穹低矮，大地蒼茫，悲涼淒慘的氣氛籠罩人們的心頭。歸途，樂隊的節奏狂放，聲音尖厲，送葬的人們和著節拍手舞足蹈，一去一回形成鮮明的對照。

紐奧良，這個被墨西哥灣環抱的美國南部海港，當年販運非洲黑奴的最大集散地，是爵士音樂的發祥地。

至於這個詞語的來源，根據某些權威專家的考證，「爵士」是密西西比河流域一位家喻戶曉的黑人江湖音樂家的名字，他的全名是爵士波‧布朗。相傳，他經常在黑人居住區的咖啡館裡演奏，聽眾總是喝采叫好，他們叫嚷著：「再來一個！爵士！再來一個！爵士！」還有一個假設認為，這個詞語是一位海報畫家首先使用的。1910年左右，他為黑人音樂家波賽‧爵姆斯及其樂隊畫一張海報，上面寫著：「爵姆斯的樂隊登台演出，節目精彩。」「爵姆斯擅長演奏：熱門音樂」，特別精於「熱門布魯斯」。大眾親暱地稱他為「老爵斯」，稱他演奏的曲子為「爵士音樂」。後來，「爵斯」變成「爵士」，「爵士音樂」這個名詞就固定下來。

藍色多瑙河

《藍色多瑙河》是一首世界著名的圓舞曲，流傳最廣，影響最大，在奧地利被稱為「第二帝國」，它原本是一首有歌詞的合唱曲，史特勞斯創作這首樂曲，是受到匈牙利詩人卡爾‧貝克一首詩的啟發，這首詩的結尾寫著：「多瑙河，美麗的藍色多瑙河！」史特勞斯請人填寫歌詞，這首樂曲就創作出來。

提起《藍色多瑙河》，還有一段有趣的傳說。史特勞斯的演出活動繁忙，他的樂思隨時湧流出來，就採用各種方法將閃現在腦海裡的旋律記錄下來。有一次，史特勞斯徹夜未歸，第二天回家時，換上一件襯衣，他的

妻子吉蒂發現衣袖上寫滿音符。吉蒂曾經是著名的歌唱家，她哼唱一下，旋律非常優美動聽，知道這是丈夫記下的樂思，就將它放在一邊。但是髒襯衣很快就被洗衣婦拿走，吉蒂不知道洗衣婦住在哪裡，於是幾乎跑遍全城，終於打聽到下落。這個時候，洗衣婦正要將那件髒襯衣扔到盆裡，吉蒂立刻奪過來，這就是著名的《藍色多瑙河》。

這首合唱曲初次上演時不成功，史特勞斯也沒有在意，就擱在一旁。後來，他帶樂團到巴黎演出，需要一首新的圓舞曲，史特勞斯想到《藍色多瑙河》。於是，臨時改編為管弦樂曲。一經演出，立刻轟動巴黎，成為世界名曲。《藍色多瑙河》圓舞曲除了序奏和結束部之外，由五首圓舞曲組成。樂曲一開始，弦樂奏出輕柔的音樂，就像水波的浮動，接著法國號吹出最有感染力的旋律，就像河水環繞維也納徐緩流過，使熟悉多瑙河的聽眾產生各種聯想，沒有看過多瑙河的人也可以在腦海中激起河水盪漾的情景。

關於體育的一些事

奧林匹克運動會的由來

奧林匹克運動會起源於古希臘的競技會。第一次古代奧運會是西元前776年在希臘奧林匹亞舉行的，因為這一年是閏年，又因為每隔四年一閏，奧運會每隔四年舉行一次，所以人們習慣把奧運會叫做「奧林匹亞德」，意即由閏年開始算起，奧運會一定要在閏年舉行。

古希臘被羅馬帝國佔領以後，羅馬皇帝認為奧運會是異教活動，因此於西元394年遭到禁止。

1894年6月，在巴黎舉行首次國際體育大會，通過恢復奧運會的決議，並且正式成立國際奧林匹克委員會，揭開現代奧運會的序幕。第一屆現代奧運會於1896年在雅典舉行，繼而每四年舉行一次，其中有三屆因為世界大戰而中止，但是屆數仍然按照順序計算。

奧運會是「夏季奧運會」和「冬季奧運會」的合稱，我們一般所說的「奧運會」是指「夏季奧運會」。冬季奧運會比夏季奧運會晚舉行二十八年，冬季奧運會雖然是在雪地或冰上競賽的少量項目，但它是奧運會的主要組成部分，冬季奧運會與夏季奧運會一樣，每隔四年舉辦一次，並且在同一年舉行。

奧運會會旗的由來

奧運會會旗是一個有五個圓環的白色無邊旗，五環相套，自左至右分別為：藍、黃、黑、綠、紅。

奧運會會旗是根據顧拜旦男爵的建議和構思製作而成。1914年7月，這面旗幟首次出現在巴黎慶祝奧運會成立二十週年的大會上。

1920年，比利時奧林匹克委員會把一面繡有五環的綢緞會旗贈送給

國際奧林匹克委員會，在安特衛普奧運會的開幕式上升起來。在一般情況下，每屆奧運會開幕時，上屆奧運會城市的代表將會旗移交給該屆奧運會主辦城市的市長，但是第二十三屆奧運會是在閉幕式上將會旗移交給下屆奧運會主辦城市的市長，飄揚在奧運會主體運動場上空的會旗是複製品。

奧運會會徽的含義

奧運會的會徽就是五個相套的並且不同顏色的圓環。

對奧運會五個圓環的含義，曾經有一種比較流行的解釋，認為每一個環的顏色代表一個大洲。1979年6月，國際奧林匹克委員會出版的《奧林匹克雜誌》第一百四十期指出，這種說法是錯誤的。根據奧林匹克憲章，五環的含義是象徵五大洲的團結，以及全世界的運動員以公正坦率的比賽和友好的精神在奧林匹克運動會上相見。

每一屆奧運會都有不同的會徽，但是所有會徽都帶有五環圖案，然後再襯以反映舉辦國特點或民族風俗的圖案，例如：第十七屆奧運會於1960年在義大利羅馬舉行時，就以羅馬的城徽作為會徽，即一隻母狼哺育兩個嬰兒的圖案。

又例如：第十九屆奧運會於1968年在墨西哥城舉行，選擇墨西哥城最著名的出土文物——二十四噸重的曆石作為會徽。日本設計的第十八屆奧運會會徽是以本國國旗為圖案，前蘇聯為第二十二屆奧運會設計的會徽，是以運動場跑道繪成的克里姆林宮建築造型。

奧運會獎章的演變

第一屆奧林匹克運動會的時候，法國藝術家儒勒‧夏普朗設計一種分別為銀、銅質的獎章和橄欖枝冠，頒給各運動項目的第一、二名運動

員。第二屆奧運會給每個運動員發一枚長形的勇士手執橄欖枝的紀念章。1924年第八屆奧運會，頒發一種由法國人利華設計的畫面上有球和滑雪板等各類運動器材的古色古香的獎章。1928年，在荷蘭阿姆斯特丹奧運會，獎章由義大利藝術家朱塞佩・卡西奧里設計，圖案是手抱橄欖枝的女塑像。從該屆奧運會之後，各屆獎章正面圖案不再變更，只是把舉辦地名與屆數做相應的改變。

體 育比賽榮譽稱號的由來

冠軍：《史記・項羽本紀》記載：「諸別將皆屬宋義，號為卿子冠軍」，宋義是秦朝末年反秦義軍的首領，也是項梁的部下。「冠軍」，言其在諸軍之上，宋義當時為上將，所以稱為「冠軍」。魏晉以至南北朝，冠軍成為將軍的一種官銜，稱為「冠軍將軍」。唐代設冠軍大將軍。到了清朝，皇帝的鑾儀衛及旗手衛的首領，也稱為「冠軍伎」。後來，人們稱比賽的第一名為冠軍，次者為亞軍。

鰲頭：唐宋時期，皇帝大殿前的石級正中，有一塊雕刻龍和大海龜（鰲）的石板，新考中的狀元在行禮的時候，單獨站在這塊石板上，後來經常將獲得第一名稱為獨佔鰲頭。

魁首：明代科舉制度，以《詩經》、《書經》、《禮記》、《易經》、《春秋》五經錄取考生，每經之首稱為魁，魁首即為第一。

桂冠：古希臘人認為月桂樹是太陽神阿波羅的神木。他們用月桂樹的枝葉編成冠，授給在祭祀太陽神阿波羅的節日賽跑中的勝利者，戴桂冠是極高的榮譽。後來，人們用月桂樹葉編成冠冕，獻給最有才華的詩人和各種比賽中的勝利者。

季軍：「季」原本是「末」之意，舊時指農曆一個季度的最後一個月，季春、季夏、季秋、季冬即指三、六、九、十二月。「孟」和

「仲」分別指一個季度的第一個月和第二個月。一個季度是三個月，按照「孟」、「仲」、「季」的次序，「季」逐漸成為「三」的同義語。古時候作戰，經常把軍隊分為前軍、中軍、後軍，後軍排列第三即為季軍，沿襲下來，「季軍」也成為第三的同義語。

殿軍：本來是殿後之軍的意思，古時候軍隊撤退，走在最後面的是殿軍。稱第四為殿軍，是取「三軍之後」的意思。這樣的稱法在取前六名的比賽中是不確切的，容易被誤認為是最後一個獲獎者。

 水運動溯源

一千三百年以前，唐代就流傳人們爬上帆船的桅杆跳入水中的故事。從此，這個活動吸引越來越多的勇敢者的效仿，並且有新的發展。到了宋朝，出現「水鞦韆」的遊戲：鞦韆架在遊船上，勇敢者把鞦韆盪至最高點時，突然一個筋斗翻到水中，這就是現代跳水運動的雛形。到了19世紀，歐洲開始出現跳水運動，但是比中國晚了六百年。

現代競技跳水運動開始於20世紀初期。1900年第二屆奧林匹克運動會，瑞典運動員做出簡單的跳水表演，被認為是最早的競技跳水。1908年，在英國倫敦舉行的第四屆奧運會上，制定十公尺跳台跳水的比賽規則。1912年，在瑞典首都斯德哥爾摩舉行第五屆奧運會。這一屆跳水運動分為花式和燕式兩種，花式跳水又分為跳台和跳板，女子跳水就是從這一屆開始。1979年開始，國際游泳聯合會創辦兩年一屆的「世界盃」跳水比賽。

救 生圈溯源

無論在江河湖海裡暢游，還是在游泳池裡游樂，人們為防止發生意

外，總要準備幾個救生圈。這是人們水上遇險時，賴以求生的一種工具。

救生圈在中國古代就有，最原始的救生圈是乾的葫蘆瓜。根據《易經》記載：「包荒，用馮（音憑）河。」根據郭沫若先生的解釋，就是「用葫蘆瓜渡河」。《詩經》記載：「匏有苦葉，濟有深涉。」根據聞一多先生的解釋：「匏，葫蘆。」聞一多先生曾經意譯為：「葉子枯了，葫蘆也乾了，可以摘來作為腰舟之用。」由此可見，中國古代的人民都是利用乾的葫蘆瓜來浮水渡河，這就是最原始的救生圈。

到了宋代，救生圈的製作方法前進一步，當時已經有人把救生圈製成環形，成為名副其實的救生「圈」。這種環形的救生圈使用起來，要比葫蘆瓜方便得多。根據《宋稗類抄》記載：宋代韓忠武曾經派部將王權到金山，同時命令他不要用船渡江。於是，王權給每一個士兵發一個「浮環」，讓他們渡江，終於完成這個任務。當時，王權所用的這種「浮環」，就是現代救生圈的前身。

棒球的由來

棒球是誰發明的？多年以來爭論不休：有些人說它是出自英國的「圓場棒球」，有些人聲稱它是美國人的「專利」。直到1905年，美國成立「棒球起源調查委員會」，對這個問題做出調查的結論是：棒球是由阿布納·達博岱於1839年在紐約的庫柏斯鎮發明的。這個結論已經被普遍承認。

最早的棒球規則是「紐約人棒球俱樂部」於1845年著手制定的。按照制定規則進行首次比賽是在1846年6月19日，由「紐約人棒球俱樂部」邀請紐約九人隊在紐澤西州埃利西安舉行。

棒球比賽記錄法由亨利·切德威克發明。扇形棒球場地是亞歷山大·卡特萊特設計的（1846年），幾經修改，一直沿用至今。棒球比賽服裝

樣式是「紐約人棒球俱樂部」設計的，包括白上衣、藍長褲、藍白兩色的腰帶、白色的帽子。1852年，「愚人隊」與「紐約人隊」在紐約的紅屋廣場上比賽，首次使用正式的「比賽記錄表」，紐約人隊首次穿棒球比賽服裝。

曲 棍球的由來

曲棍球是古代波斯人發明的一項體育活動，後來這項運動傳到歐洲和北非。中國從唐代開始，就有曲棍球活動的記載，唐代宮詞上載有「殿前鋪設兩邊樓，寒食宮人步打毬」之句，這裡說的「步打毬」，指的就是曲棍球。

現代曲棍球運動是1875年在英國開始。1886年，在倫敦成立曲棍球協會。1908年開始，曲棍球被列入奧運會比賽項目。1924年，國際曲棍球聯合會成立，總部設在比利時的布魯塞爾。1971年開始，每隔二至三年舉行一次世界曲棍球錦標賽。

籃 球運動的由來

籃球運動誕生在美國東北部春田地區。由於當地氣候溫和，盛產桃子，所以家家戶戶都備有裝桃的筐子，頑皮的兒童們經常對空著的桃筐比賽投擲。受此啟發，加拿大奈史密斯博士於1891年耶誕節前夕發明籃球運動。

最早的籃球是把裝桃的筐子懸掛在距離地面十英尺高的牆壁上，每當球投入筐中，還要爬上梯子將球從筐中取出。從1893年開始，出現以線網和鐵圈做的球籃，但是線網底部是封口的，仍然需要借用梯子取出投中的籃球。二十年以後，才有人將線網下端開口，使球可以直接落下。

早期的籃球比賽場地沒有統一規定，上場人數也沒有限制。從1895年統一為五人之後，場地面積規定在一千二百平方英尺以下，現代又改為三百六十四平方公尺。

　　籃球運動誕生以後的第二年，在美國春田市基督教青年會舉行第一次籃球比賽。隨後輾轉傳入法國和日本等國家，逐漸成為世界性的體育項目。

跨欄運動的由來

　　跨欄運動起源於歐洲牧民的跳躍柵欄活動。在二三百年以前，英國的畜牧業很發達，牧區的兒童非常活潑好動。他們經常有意識地利用羊圈的柵欄奔跑騰越，互相追逐嬉戲，一度發展為節日牧區的遊戲項目。之後，人們把這種遊戲擴大到平地上，還專門增設柵欄，讓參加活動者從這些障礙物上跳過——這就是跨欄運動的雛形。直到1864年，英國人才把跨欄跑步列為田徑運動項目。

比基尼泳衣的由來

　　「比基尼」是指一種兩件套、極短小，俗稱「三點式」的女泳衣。

　　「三點式」泳衣是怎樣誕生的？這要從19世紀末期說起。在泳衣未問世以前，歐洲的女士們只能赤身裸體地在避人耳目的海灘邊或河溪中游泳。到了19世紀末期，隨著游泳運動的日益流行，泳衣才問世。據說，第一個穿泳衣的人是澳洲的女游泳運動員安妮特‧凱勒曼。1907年，她因為在波士頓海灘上身穿裸露肩膀和手臂的泳衣而吃上官司，被指控犯下在公共場合猥褻暴露罪。1920年，一位叫做簡特珍的女士穿著緊緊裹在身上的針織泳衣讓美國人大開眼界。隨後，那些漂亮的女士越來越重視泳

衣的領口與胸部和臂部的設計，泳衣所遮蓋的身體面積開始逐漸縮小。第一件三點式泳衣的問世，成為當時的爆炸性新聞。這種泳衣的設計者雷達德認為，這種轟動堪與比基尼試驗場上原子彈爆炸引起的轟動媲美，就以「比基尼」命名這種新式泳衣，形容身著這種泳衣以後，腹部裸露，就像原子彈爆炸以後空無一物的比基尼島。

世界盃足球賽的由來

世界盃足球賽，是世界上規模最大、影響最深、水準最高的比賽。

1904年，只有七個會員國的國際性足球組織，希望有一天所有會員國可以在同一個比賽中較量，但是當時的奧運會比賽只容許業餘運動員參加。新上任的國際足球總會主席雷米特有感於眾多優秀職業球員沒有機會獻藝，於是在一次會議上，提議並且決定自1930年開始，每四年舉辦一次包括職業球員參加的世界性大賽——世界足球錦標賽。

為了表彰法國人雷米特為世界足球發展做出的貢獻，1956年「世界足球錦標賽」改名為「雷米特盃賽」（又稱女神杯），後來又改稱「世界足球冠軍賽——雷米特盃」。

籃球為什麼沒有1、2、3號隊員？

細心的觀眾發現，在比賽場中，無論哪一個籃球隊，都沒有1、2、3號隊員，這是為什麼？這是因為在籃球比賽中，如果一方犯規，判對方罰球的時候，如果判罰兩次，裁判在第一次罰球之前舉右手伸出兩指，表示罰兩次，在第二次罰球之前伸出一個指頭，表示還要再罰一次。此外，隊員三秒違例，裁判也要伸出三個指頭表示。球隊換人或隊員犯規時，裁判也是用手勢示意該隊員號碼。這樣一來，如果隊員號碼有1、2、3號，就

容易引起誤會而影響比賽。所以，籃球隊員的編號都從4號開始，當然就沒有1、2、3號隊員。

足 球門網

現在的足球門上都裝有網子，進球與否，觀眾和裁判一看就知道。

但是在國外，最早的球門上是沒有球網的，因此在激烈的足球比賽中，雙方經常為球是否進門而發生爭執，有時候就連裁判也難以做出判定。

至於球網的產生，有一個有趣的故事：在英國舉行的一場激烈的足球比賽中，攻方在一次快速射門以後，裁判宣判得分，守方的隊員卻提出異議，認為「球是從球門柱外邊飛出去」。因此，雙方吵得面紅耳赤，誰也無法說服誰。這個時候，看台上有一位叫做鮑爾吉的英國漁具廠的老闆，他受到漁網的啟發，就立即拿來漁網，拴在球門上現場進行實驗。結果，無論哪一方攻進球，一看就可以知道，運動員、裁判、觀眾一致認為這樣很好。

1890年，在球門上拴上球網這個規定，被英國足球總會批准實行，這位聰明的老闆因此獲得生產足球門網的專利權。

但是，這不是足球門網的最早由來。

足球運動在中國源遠流長。在商代時期，中國就有足球球門。根據《文獻通考》記載：唐代時期，足球場的球門是「植兩修竹，高數丈，絡網於上，為門以度球」。此外，根據孟元老《東京夢華錄》記載：在宋徽宗趙佶（12世紀初期）的殿前空地中間，豎起一個高三丈許的球門，上面張著網，在網的上方開一個直徑約一丈許的球門，分隊比賽，以一方踢進球門而對方無法再踢進球門來決定勝負。

中國古代足球專著《戲球場科苑》一書中的球門圖，也證明中國古代

球門上是有網的。雖然目前足球比賽的球門網是從英國傳入，然而最早發明球門網的是中國。

籃球筐

最原始的籃球筐是一個藤編的有底簍子，很像今天的字紙簍。這是籃球運動創始人加拿大的奈史密斯博士在美國發明的。

用這樣的籃球筐比賽，兩邊籃球筐後面都要放一張可以升降的梯子，每當籃球投中，比賽就要停止，必須爬上梯子從簍中將球取出，然後再繼續比賽。最初，這種簍式籃球筐的大小也沒有一定的規格，只要兩邊的筐一樣大就可以。到了1894年，才規定它的標準尺寸。

1906年，人們製成拉線式空心筐，籃底用薄鐵皮編織而成，用繩子牽住它的可以活動的底部。這樣一來，球進籃球筐，只要將繩子一拉，就可以把球從筐裡倒出來，省去爬梯子的時間。

鐵製籃球筐的筐底很容易碰傷運動員的手，因此隨後有人設計相同結構的線製籃網，但是取球仍然要靠拉線。直到1921年，人們才想出空心網底的辦法，讓球自然落下。

乒乓球的由來

1885年左右，英美一些體育用品製造商人，看到當時網球在上層社會極其盛行，獨出心裁地把網球搬進室內，在桌面上打一種包有絲織物的橡膠球。因此，乒乓球在英美又叫做「桌上網球」。

1890年，一位叫做吉布的英國工程師提出用合成樹脂製成空心球來代替橡膠球的想法。五年以後，這種空心球出現在人們的生活中。由於球

發出「乒乓」「乒乓」的聲音，於是人們就把這種球叫做乒乓球。

羽 毛球的由來

羽毛球原本是印度民間流行的一種玩具。19世紀中葉，英國把印度淪為殖民地，羽毛球就被帶到英國。包菲特公爵對羽毛球很感興趣，就把它加以改製，再模仿網球拍的樣式，配上輕而小的球拍，就是現在羽毛球的樣式。羽毛球起初只在英國流行，以後才傳播到世界各地。現在，世界上大多數國家的語言都把羽毛球稱為「伯明頓」。這是一種外來語，究其語源是英語的音譯。原來，「伯明頓」是包菲特公爵領地的名稱。

運 動員犯規舉左手

運動員犯規舉左手，起源於古代外國的司法。那個時候，犯人入獄時，要在犯人左手掌刺上符號，以說明此人犯過罪。當一個人被法庭審判時，被告人必須舉起左手，而且指頭要伸直，以便瞭解這個人以前是否犯過罪。後來，這種做法逐漸用到競技場上，運動員舉左手表示犯規。

各 項球類的起源

足球：現代足球1863年始於英國。

籃球：1891年12月21日創始於美國麻薩諸塞州。

排球：1895年始於美國麻薩諸塞州，創始人威廉‧摩根。

手球：始於中世紀愛爾蘭。

網球：1873年始於英國，創始人華爾特。

乒乓球：19世紀始於英國。

棒球：19世紀始於英國。

水球：1870年始於英國。

冰球：起源於19世紀70年代加拿大。

羽毛球：1870年開始在英國流行。

曲棍球：始於19世紀中葉的英國。

事物由來

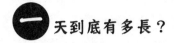

一天到底有多長？

現在一天是24小時，但是過去一天只有十幾小時甚至幾小時，將來一天會長達30小時甚至更長。

這個結論是天文學家根據地球自轉速度在緩慢減速這個規律推論而來。後來，古生物學家根據珊瑚外殼上的「年輪」，證實這個推論的正確性。根據這個規律推知：在地球形成之初，一天約為4小時；30億年以前，一天約為10至11小時；13億年以前，一天只有18小時左右；5億年以前，一天約有21小時；2億年以前，一天是23小時；6000萬年以前，一天約為23.7小時；現在，一天是24小時。

如果地球自轉仍然均勻減速，2億年以後，一天將會有25個小時；10億年以後，一天就會有30多個小時。在更遙遠的將來，一天的時間會變得更長，到那個時候，可謂是「度日如年」！

中秋之夜，月亮特別明亮嗎？

早在2000多年以前，中國就把農曆八月十五日定為中秋節，有許多人認為中秋節晚上的月亮比一年之中其他時候的月亮更亮。在一些歌詞中也有表現出來，例如：「十五的月亮亮又圓。」但是從現代天文學角度來看，中秋節的月亮沒有比一年之中其他時候的望月更亮。月球是在一個橢圓的軌道上圍繞地球運轉，因此月亮與地球之間的距離時遠時近，中秋佳節時，月亮經常不在距離地球最近處，所以不一定比其他月份的望月更亮。

從滿月到滿月，平均要經過29天12小時44分鐘，這叫做一個朔望月，朔規定在每月的初一，「朔」以後平均經過14天18小時22分鐘才是

「望」。所以，只有當「朔」發生在初一清晨時，「望」才會發生在十五日晚上，但是這十分罕見。多數情況是望月不在十五日晚上，而是在十六日晚上。朔望月的長短可以比平均值多或少6小時，因此有時候「望」會延遲到十七日凌晨發生。所以，中秋節晚上的月亮往往沒有隔天的月亮圓和亮。

人們之所以覺得中秋節晚上的月亮特別明亮，是由於主觀感覺和多年流傳下來的風俗習慣造成的，此外還和季節有關，春天天氣比較冷，人們不習慣戶外觀賞月亮；夏天月亮比較低，月光比較少，不適合觀賞月亮。冬天天氣寒冷，什麼人會喜歡出外觀賞月亮？秋天不冷不熱，秋高氣爽，月亮成為觀賞的對象，人們也有「月到中秋分外明」這個說法。

崇 尚紅色心理剖析

古今華人有一種崇尚紅色的民族心理。傳說中的神農氏被稱為炎帝，炎與紅色有關。孔子說：「惡紫之奪朱也」，顯然孔子討厭紫色，喜歡紅色。楚國文化是一種崇尚紅色的文化，劉邦依楚興漢，自稱「赤帝之子」，此後漢家人馬崇尚紅色，紅色被作為權貴的象徵。有大功的諸侯，住朱門，坐朱軒，穿朱衣。再後來，朱紅是朝廷命官服色，通常是三品以上才可以服朱。低層的人只能穿青衫，平民又稱為白丁，以示與穿朱衣的人有高低之分。

不僅如此，下層人民也崇尚紅色。西漢有赤眉軍，金朝中期有紅襖軍，元朝末年有紅巾軍，義和團有妙齡少女身穿紅衣的「紅燈照」。老百姓有喜事，要用紅色來裝飾，新娘要穿紅衣，新郎佩帶紅花。一個人走運，人們稱為「走紅運」；某個人受到重用，就被稱為「紅人」；影劇界極有作為與威望的人，稱為「紅星」、「紅角」；女性出的汗，被譽為「紅汗」；民間賞喜錢、給壓歲錢、分紅利，用的是「紅包」。

顏色在人類長期實踐活動中被賦予某種象徵意義，在中國人尤其是漢族人民心目中，紅色熱烈，象徵莊嚴、吉祥、喜慶、鮮豔，與「福」「祿」相連，因此十分崇尚紅色。華人所喜愛的紅色，是與火相似的正紅，在古人看來，這才是五行中的正色。

麻將牌探源

根據《辭海》所註：麻將牌是由明代的馬吊牌演變而成，馬吊牌又是由唐代的葉子戲發展而來。

葉子戲是唐代中葉產生的一種娛樂品，相傳是唐代李郃所製，發展到明代天啟年間演變為馬吊牌。馬吊牌盛行於明末清初，這類紙牌於14世紀前後作為紙的媒介和印刷技術的先導傳入歐洲。馬吊牌在清代乾隆年間很流行，但是這個時候它已經受到宣和牌及碰和牌的影響，變為默和牌。曹雪芹《紅樓夢》第四十七回中，提到一種鬥牌就是默和牌。它有文錢、索子、萬貫三門，每門皆一至九共27色，又有么頭三色，每色4張，總共120張牌。默和牌又受到一種稱為花將牌的影響，加上東、南、西、北四門風牌，即形成136張的麻將牌。在20年代初期流入西方和日本，這個時候的麻將牌在西方很受歡迎。

福字倒貼的由來

春節時期，民間都會在自家門窗外倒貼紅「福」字，人們約定俗成，圖個喜慶吉利。

此俗傳說起源於清代恭親王府。那一年正值春節前夕，大管家為討主人歡心，按例寫了幾個斗大的「福」字，叫人貼於庫房和王府大門上。有一個家丁因為不識字，竟然將大門上的「福」字貼倒了。為此，恭親王

福晉十分氣惱，欲鞭罰懲戒。幸好，大管家是一個能說善辯之人，他害怕福晉怪罪下來牽連自身，慌忙跪倒陳述：「奴才經常聽人說，恭親王壽高福大造化大，如今大福真的到（倒）了，乃是吉慶之兆。」恭親王福晉一聽，覺得也合情理。心想：「難怪過往行人都說恭親王府福到（倒）了，吉語說千遍，金銀增萬貫。沒有學問的奴才，還想不出這種招式！」於是賞管家和家丁各50兩銀子。後來，倒貼「福」字之習俗，由達官府第傳入陌巷人家，倒貼以後都希望過往行人或頑童們念叨幾句：「福到了！福到了！」以圖吉利。

龍袍的奧秘

中國帝王服裝繡織龍的圖案，迄今為止，已經有將近三千年歷史。早在周代，就出現龍頭朝上的「升龍」和龍頭朝下的「降龍」衣服。但是，這個時候龍是繡在衣上，因此這種衣服不叫做龍袍，而是稱為「龍衣」。秦漢以後，帝王平日雖然穿的是上下相連的袍衫，可是上面並無龍紋，只用黃色作為標識。直到元明時期，才出現龍紋。

將「龍袍」作為一種專用名稱正式確定，並且列入冠服制度，是清代的事情。清代龍袍的顏色以明黃為主，袍上繡有金龍和彩雲，龍雲之間，還分布「十二章」圖紋。按照清代禮儀，皇帝的龍袍屬於一種「吉服」，只能在一般的慶典活動時穿。遇有重大朝會，皇帝不是穿龍袍，而是穿比龍袍更高一等的朝服。

根據史籍記載，當時的龍袍皆繡有9條龍，然而實物及圖像上往往只能見到8條龍，即胸前背後各一，前後膝蓋處各二，左右兩肩各一。看來似缺一條，有人說，這條龍就是皇帝自己。其實，這條龍被繡在一般不容易看見的裡襟。之所以如此，是因為皇帝是「九五之尊」，必須繡9條龍，但是9是一個奇數，在服裝上很難做到均衡對稱，所以將一條龍繡在

裡襯。這樣一來，每件龍袍的龍紋仍為9條，而在正面或背面看時，所見又都是5條（兩肩之龍，前後都可以看到），與「九五」之數符合。

死人蓋上蒙頭布的由來

舊時喪俗，某個人死後，臉上要用一塊布遮蓋，蘇杭一帶用的是紅布，名叫「遮羞布」，北方一些地區用的是白布，稱為「蒙頭布」。東漢袁康《越絕書》記載：春秋末年，西元前516年，吳王闔閭與越王勾踐戰於攜李（今浙江嘉興西南），闔閭敗，重傷而死。其子吳王夫差即位以後，誓報父仇，在夫椒（今江蘇吳縣西南）大敗越兵，許越為屬國。從此以後，夫差妄自尊大，不可一世，連年窮兵黷武，重用奸臣，排斥忠良，縱情酒色，窮奢極欲。不聽伍子胥勸告，開鑿邗溝（今揚州至淮安之間古運河），從海上攻齊，捷於艾陵（今山東萊蕪東北），又在黃池（今河南封丘西南）大會諸侯，與晉爭盟。伍子胥屢屢進諫，夫差充耳不聞。西元前484年，聽信太宰伯嚭讒言，賜劍令伍子胥自殺。越王勾踐得知吳王夫差殺死伍子胥，認為良機已到，乘虛襲吳，夫差連連敗退。其後10年，勾踐大舉攻吳，將夫差圍於姑蘇（今江蘇蘇州），夫差求和不准，絕望之下自刎而死，死前含淚對人說：「我後悔不聽伍子胥的勸告，死後也沒有臉去見他，請你們在我的臉上蒙上一塊遮羞布吧！」

紅蓋頭的由來

過去舉行婚禮時，人們往往看到新娘頭上頂著一面別緻的大紅緞料，稱為「蓋頭」。

蓋頭的出現，大約在南北朝時期的齊朝，當時是農村婦女在工作中避風禦寒使用的，後來各族人民紛紛仿效，成為一種社會風氣。

蓋頭的演變經歷三個階段：初時為民間遮風沙和禦寒的實用物，只蓋住頭頂。到了唐朝初期，演變成一種從頭披到肩的帷帽，用以遮羞。據傳，唐朝開元天寶年間，唐玄宗李隆基為了標新立異，有意突破舊習，指令宮女以「透額羅」罩頭，也就是婦女在唐朝初期的帷帽上再蓋一塊薄紗遮住面額，作為一種裝飾物。從後晉到元朝，蓋頭在民間流行不廢，並且成為新娘不可缺少的喜慶裝飾。後來，發展到戲劇中，青年男女舉行婚禮時，新娘頭上頂著蓋頭，成為傳統劇目中服裝的一個組成部分，而且其製作質料和技術也變得日益考究。

鬧洞房的由來

這種風俗大約在漢代就有。

《全後漢文》記載一件事情：汝南的張妙去杜士家，正逢杜家娶親，酒宴以後鬧洞房。大概是杜士不順從張妙的擺佈，張妙就把杜士捆綁，繫住雙腳倒懸於樑上，不慎致杜士於非命。這個故事說明，在漢代民間鬧洞房已經很普遍，並且習俗非常粗陋。現在，鬧洞房已經很少有野蠻淫邪的內容，進而成為鄰里親朋向新婚夫婦表示祝賀的一種形式。

另有一說，鬧洞房的倡導者是北宋開國皇帝趙匡胤。他登基之初，經常到民間微服私訪，體察民情。某日在京都城郊出訪時，看到一戶人家為兒子娶親，因為家境貧寒無法雇用吹打隊伍，就假扮吹打班頭，召來軍師苗先生及御樂班為民助興賀喜。到了晚間，他想到今日是五鬼之日，婚喪嫁娶皆為不利，深恐這個小戶人家遭到不測，就藉口與苗先生弈棋，留下借宿，並且趁新郎新娘向父母問安之時，移棋於花燭之下。時值三更，果然見到一個惡鬼翻落院中。趙匡胤抄起一把笤帚追至門外，將惡鬼打倒在地，眾人一看，原來是一個戴假面具的強盜，平時專門打探盜竊新婚之家的喜財。趙匡胤回宮以後，親筆御書榜文，昭示天下：凡是百姓嫁娶之

期，務必享用鼓樂之儀，花燭之夜務邀親朋厚友，喧鬧通宵，以防不測。於是，民間開始有鬧洞房之習俗。

拆 字趣談

北宋末年著名的拆字者謝石，其拆字遠近馳名。宋徽宗趙佶傳位給兒子欽宗以後，曾經寫一個「朝」字給謝石拆。謝石看字以後，對拿字來的宦官說：「這個字不是你寫的。據字而言，朝字分開為十月十日，一定是這一天生的大貴人寫的。」趙佶因此對他「賜賚甚厚」。但是謝石也因為拆字而得禍，據說南渡以後，有一次他測「春」字說：「秦頭太重，壓日無光。」當時正是秦檜得勢之時，他因此被放逐而死於戍所。此外，謝石雖然測出趙佶是一個大貴人，卻沒有算出他後來當上俘虜，受盡凌辱而死。

明朝末年有一個拆字者，本領也很不尋常。崇禎末年，李自成的軍隊已經逼近北京，崇禎皇帝讓一個內侍化裝出宮，探問民間消息。內侍見到一個拆字者，隨口說出一個「友」字，讓他測國家大事，拆字者說：「不好了，反賊早出頭了。」內侍改口說他是指「有」字，測字者說：「更不好，大明已去其半矣！」內侍又改稱他是指「酉」字，拆字者說：「更是不好，因為天子是至尊，至尊已斬頭截腳矣！」內侍再也無話可說，只好咋舌而返。當時的國事如何，已經非常明白，不必演說字義也完全可以斷言。但是，那位拆字者可以從友、有、酉三個字講出一些道理，其應急的本領值得稱道。

到了清朝中葉，一般的術士已經不再有隨便問隨口答的本領。但是清人俞樾說，這樣的測字也有算得很靈的。有一次，一個營卒撿了一個「棋」字讓人拆。測字者說：「看你的裝束，就像象棋中的卒字。卒要過河才可以橫行，看來離家出走為好，但是卒過河也只能走一步，因之很難

有祿位。」此則是把固定的字與現場的觀察結合起來，優於死背硬記口快。

有些人可以根據某一個字推算自己家的命運，例如：北齊文宣帝高洋讓邢邵為太子制名，邢邵取的名叫殷，字正道。文宣帝抱怨，殷是兄終弟及，正字拆開是一止，看來我兒子的皇帝當不久。邢邵感到害怕，要求改名，文宣帝說這是天意，不必再改。高殷即位以後，不到一年就被他的叔父高演所殺，一如高洋所言。

結 婚分紅喜蛋的由來

在江南一帶，如果遇上辦喜事的人家在分紅喜蛋，無論你是他的親朋好友，還是一個陌生的過路人，你都可以走上前，向新娘討紅喜蛋吃。辦喜事的人家一定會高興地把紅喜蛋送給你，來者不拒。據說，這個討紅喜蛋的習俗還是從劉備那裡開始的。

三國時期，周瑜想要用假招親真扣留的計策以劉備當作人質，要他交還荊州。這個計策被諸葛亮識破，於是劉備去東吳的時候，攜帶大量染紅的雞蛋。一到東吳，無論宮廷內外大小官吏和將士，逢人就分，無一遺漏，並且宣稱這是皇室禮儀，十分隆重。被分到紅喜蛋的人感到十分光榮，沒有分到紅喜蛋的人紛紛到劉備的住處去討。對此，劉備來者不拒，一般的來客讓手下的人派分，遇到重要人物他親自動手分，因此大造招親輿論。東吳本來沒有這種風俗習慣，都覺得很新鮮，一傳十，十傳百，家家戶戶都知道東吳公主即將與劉備成親。結果假戲真做，劉備得到一個好夫人，周瑜卻落得「賠了夫人又折兵」的下場。從此，江南人結婚又添上一個風俗，預示無論有多少困難，但願有情人終成眷屬。

現在，很多人把分紅喜蛋改為撒喜糖，但是在習慣上，仍然把它叫做分紅喜蛋。

謬見・禁忌

老子是兒子

「老子」這個俗語，現在人們普遍都把它當作「長輩」含義來使用。其實在最初的時候，它的含義是「兒子」。

「老子」一詞，最初來自於道教祖先李耳的俗稱——老子。根據歷史記載，老子為河南鹿邑人。《玄妙內篇》《史記‧老子列傳‧正義》諸書記載：老子誕生時，「李母懷胎八十一載，逍遙李樹下，乃割左腋而生」。相傳，李耳割開母親左腋誕生之後，母親看見他一出生就是一個白頭老漢，痛呼一聲：「我的老子啊（即「我的老兒子啊」）！」就昏厥過去。於是，後人俗稱李耳為老子。

今人往往榮耀地自稱為「老子」。殊不知，老子的真正含義是「子」，即相貌老化的兒子。

美人和香草原本為男士

漢語的「美」字，除了指容貌和儀表以外，還指才德和品行。《孟子‧盡心下》：「可欲之謂善，充實之謂美。」這些話顯然都不是指美麗和姣好而言。

香草的本義為具有芳香氣味的草類，古人以此比喻高潔，進而以其比喻忠貞之士。所謂「十室之邑，必存忠信；十步之內，必有芳草」。屈原辭作最喜歡使用「香草」「美人」之喻，有時候是比喻，有時候是自喻。屈原之《離騷》，以美人專指君王，香草泛稱君子。漢朝王逸《離騷經章句》：「《離騷》之文，依詩取興，引類譬喻，故善鳥香草，以配忠貞……靈修美人，以媲於君。」《離騷》還有著名的「美人遲暮」一句，後世輾轉引用，以致望文生義，解作女子年老色衰，其實是錯解。當時，

屈原擔心會「遲暮」的美人，是指楚懷王，他是一個貨真價實的鬚眉男子！

國事與國是

許多讀者問，報刊上經常用「共商國是」，為什麼用「國是」而不用「國事」。答案是這樣的：

「國事」，古代指國家政事，今統指國家大事。「國事」一詞，最早見於《戰國策・燕（三）》：「（鞠武）出見田光，道太子曰：「願圖國事於先生。」」

「國是」是指國家大計，最早見於西漢劉向（西元前77～前6年）《新序・雜事（二）》：「願相國與諸侯士大夫共定國是，寡人豈敢以褊國驕士民哉！」

可以看出，「國是」一詞是專指治理國家的大政方針，「國事」除了包含「國是」（國家大計）以外，還包括其他與國家有關的大事，例如：國家領導人的變更、重要會議的召開、重大災禍……這就是兩者的區別。

黃泉與九泉

「黃泉」與「九泉」是同義詞，都是指人們死後所埋葬的地穴，亦即民間所說的陰間，但是兩者的來歷有所不同。

古人從打井的經驗中獲知，當挖掘到地下深處時，就會有泉源。地下水從黃土層裡滲出來，經常帶有黃色，所以古人就把很深的地下叫做「黃泉」。最早出典始見於《左傳・隱公元年》：「不及黃泉，無相見也。」

中國古代經常用「九」表示多、大、極的意思，因為「九」是個位

數中最大的數字（從一到九的基本數中，九是最高數）。醫書《素問》記載：「天地之至數，始於一，終於九焉。」所以，「九天」或「九霄」就是指高不可測的天空，極言其高；「九泉」就是指深不見底的地下，極言其深。「九泉」比「黃泉」出現得晚，開始流行於漢朝末年。「建安七子」之一阮瑀的《七哀》詩中，有「冥冥九泉室，漫漫長夜台」之句。

古時候有一種迷信說法，認為人們死後要到「陰曹地府」（陰間）。「陰曹地府」在很深的地下，於是人們經常用「黃泉」和「九泉」指稱陰間。

「黃泉」和「九泉」還有幾個近義詞，例如：「泉台」、「泉下」、「泉壤」。陳毅《梅嶺三章》有「此向泉台招舊部，旌旗十萬斬閻羅」之句。

科學飲茶「十不宜」

在中國古代，茶只作為藥用，直到西元4世紀，才開始普遍作為飲料。唐玄宗時期，陸羽編著《茶經》，介紹茶的功能。從此，飲茶成為許多中國人的嗜好。飲茶有利於人體健康，自不待言。但是，飲茶是一門學問，需要掌握一定的科學方法，講究合理飲用。現在，將科學飲茶「十不宜」介紹於後，請鑑取。

一是首泡茶不宜喝。講究喝茶的人及品茶行家，從來不喝首泡茶，而是沖泡以後稍停數秒待水略呈茶色時，即將首泡茶倒掉，隨即沖泡第二遍。大約2至5分鐘以後，再慢慢啜飲品嘗。原來，在茶葉的生長和加工過程中，茶葉表面或多或少會遺留一些微細雜物或農藥，第一遍以開水沖泡，可以產生「洗茶」的作用。

二是不宜用滾沸水或保溫杯沏茶。一般來說，茶葉宜用95℃左右開水沖泡。因為茶葉含有大量丹寧、茶鹼、芳香油，以及多種維生素，如果沖

入滾沸水並且用保溫杯，茶葉處於高溫和恆溫環境，維生素等有效成分會被大量破壞，芳香油大量揮發，丹寧和茶鹼亦大量浸出。這樣一來，不僅使茶的營養價值驟降，而且造成茶汁無香，茶味苦澀，有害物質增多，實為飲茶之大忌。

三是茶不宜多次沖泡。飲茶以三至四次沖泡為宜，根據測定，第一杯茶可以溶解茶葉可溶物總量50%以上，第二杯約30%，第三杯約10%，第四杯僅3%左右。俗話說：頭泡一口香，二泡味正濃，三泡呈甘醇，四泡味不存。有些人沖泡至透明無色時仍然飲用，此時茶葉中的有害物質滲透出來，不利於人體健康。

四是茶不宜久放再喝。根據化學分析，茶葉中含有機化學成分達400餘種，無機礦物元素達40餘種，它們對人體都無害。茶泡4至6分鐘飲用比較適宜。久泡再飲，會使茶水發生化學變化，以至變味、變質、變色、變渾，維生素等有效成分會被大量破壞。

五是冷茶不宜飲。李時珍在《本草綱目》記載：「喝溫茶，可以使體內的火氣隨著茶的涼性而下降，自尿中排出體外。喝熱茶，茶的涼性隨著體內的火氣而散發，使飲者神思爽暢，耳聰目明。喝冷茶，特別是在炎夏季節暴飲數大碗，喝起來很痛快，實際上卻無清熱化痰之功，反有滯寒聚疾之弊。」

六是不宜空腹飲茶。有些人習慣晨起即空腹飲茶，此法久會傷身。因為空腹會引起「茶醉」，表現為心慌、頭暈乏力、腹饑，甚至站立不穩，走路蹣跚。一般來說，腎虛體弱者更不宜空腹飲茶。

七是發燒時不宜飲茶。許多家庭習慣給感冒發燒的病人泡上一杯熱而濃的茶，以為這個時候多喝茶可以降溫解熱。根據科學研究證明，茶葉中所含茶鹼會增高人體溫度，使藥物的降溫作用減少，以至消失。

八是每日飲茶量不宜過多。茶的飲用量標準，健康成年人每天堅持飲用5克茶葉，有保健之功效，飲茶12克不為多。婦女、兒童、老年人應該根據個人體質和飲茶史酌量減少。

九是不宜飲用變質茶。茶葉受潮發霉、變餿變味,切不可飲用。

十是脾胃惡寒或老弱氣虛者,每日不宜飲茶過多,清茶一杯足矣。

濃茶解酒火上添油

很多人都以為喝濃茶可以解酒,殊不知不僅無法解酒,如果心臟功能欠佳,反而會引起相反的效果。

酒中的酒精成分,對心血管的刺激本來就很大,濃茶也具有興奮心臟的作用,兩者合二為一,更增加對心臟的刺激。對心臟功能欠佳的人來說,其後果是可想而知的。

醉酒以後飲用濃茶,對腎臟也是不利的。因為酒精的絕大部分已經在肝臟中轉化為乙醛之後再變成乙酸,乙酸又分解成二氧化碳和水,經腎臟排出體外。濃茶中的茶鹼,可以迅速對腎臟發揮利尿作用。這樣一來,就會促進尚未分解的乙醛過早地進入腎臟。由於乙醛對腎臟有比較大的刺激性,進而對腎功能造成損害。

口紅的由來

17世紀初期,婦女們塗染嘴唇的時候使用的是「葡萄油」,即一種用葡萄汁和香草汁液製成的硬而微香的有色油膏。後來,還使用過「蠟膏」,一種用蠟和油製成的軟膏。

到了20世紀,在化學家的幫助下,美容師成功地製造圓柱形口紅。這種口紅塑形方便,質地堅硬,而且對嘴唇黏膜無刺激作用。

口紅是在20世紀50年代開始普及。市場上的口紅可以分為兩大類:一種是耐久性口紅,塗抹以後浸入嘴唇黏膜而經久不褪;另一種是油質口

紅，鮮明光亮，但是很快就可以擦掉。

隱形眼鏡的由來

世界上第一副隱形眼鏡出現於1646年，是由西德一位設計師赫爾曼·韋爾克研製成功。

孩提時代的韋爾克，由於嚴重近視而必須戴上眼鏡，眼鏡給他的學習、工作、生活帶來很多困難和不便。為此，他經常很煩惱。韋爾克決定要研製一種美觀又方便的眼鏡，以改變這種狀況。韋爾克既是電學家，又是機械設計師和機器製造者，他博學多識，心靈手巧。剛開始，他用一種有介電性質的有機玻璃材料進行試驗，結果令人失望，因為所試製的這種透鏡不能直接與角膜接觸。失敗並沒有使韋爾克氣餒，他堅持繼續試製，終於在1946年研製一種硬質微型接觸透鏡，獲得成功。不久之後，韋爾克又在硬質隱形眼鏡的基礎上，發明軟質隱形眼鏡，實現他的心願。

隱形眼鏡發展到今天，又有很大的改進，它由新的高分子材料——甲基丙烯酸羥乙酯聚合以後加工製成，是一種直接貼附在角膜上的軟質隱形眼鏡，深受近視患者的喜愛。

誰發明拉鏈？

拉鏈，是一種可以分開和鎖合的鏈條形的金屬製品（也有尼龍拉鏈），在日常生活中的用途十分廣泛。它的由來，已經有將近100年歷史。

1893年，美國芝加哥一位名叫賈德森的工程師，把一個很小的顆粒狀元件作為連接件，分別交錯地鑲嵌在兩條布帶的邊緣上，然後經過一個滑動件達到閉合或分開的目的。這就是拉鏈的雛形，當時稱為「滑動繫牢

物」，又稱為「可移動的扣子」。

時過20年以後，瑞典工程師森貝克，對先驅者賈德森的發明進行認真的分析研究。他發現這種「滑動繫牢物」在使用中分開和閉合性能不好，其主要原因是交錯的齒狀物閉合不牢所致。於是，經過實驗，他設計一套可以凹凸閉合的「子母牙」，它可以彌補「滑動繫牢物」的缺陷。但是在當時，由於許多原因，這種新產品未能正式投入生產。

後來，在1924年舉行的一次商品交易會上，生產拉鏈的固立公司進行表演，並且根據啟閉時發出的摩擦聲，將產品正式命名為「ZJPPER」，也就是「拉鏈」。從此，它的性能和用途受到人們廣泛的重視，「拉鏈」這種新產品也正式誕生。

牙刷的由來

以前，人們大多是用一塊布來擦洗牙齒。古希臘學者亞里斯多德曾經勸告亞歷山大大帝用布擦牙，美國第一任總統華盛頓也得到相同的勸告。18世紀70年代，一個名叫威廉‧艾迪斯的英國人，發明人類的第一把牙刷，進而結束人們用布擦牙的歷史。

當時，艾迪斯因為煽動騷亂而被監禁在英國紐蓋特監獄的一間牢房裡。對於刑期結束以後如何謀生，他想了很多。有一天，早晨洗過臉以後，他開始和大部分人一樣，用一小塊布擦牙。擦牙的時候，他略有所思，感到這種辦法不是很有用。第二天，他想出一個主意：他吃肉的時候留下一塊骨頭，然後在上面鑽一個小孔，又向警衛要幾根硬豬鬃，把它們切斷以後，綁成小簇，嵌到骨頭上的小孔中。這樣一來，人類的第一把牙刷就誕生了。

近幾年，在中國考古發掘中，曾經發現一支一指多長的牙刷把，這支牙刷把和盆與碗以及其他器皿放在一起。經過考證，確認它是當時牙刷的

殘留物。這個發現證明：在西元959年前後，中國已經有近似現代樣式的牙刷，比西方國家的牙刷早600餘年。

下雨的時候睡得香

你有這樣的感覺嗎？下雨的時候睡得特別香，躺在床上，聽著窗外滴滴答答的雨聲，過了一會兒，你就會覺得睡意漸濃，很快進入夢中。這種類似的情況還有：當夜深人靜的時候，只能聽到鬧鐘滴答的聲音，剛開始你還會覺得吵，可是聽著聽著，就會不知不覺地進入睡眠狀態。再例如：你坐火車去旅行，剛上車比較興奮，還會欣賞窗外的景色，但是聽著火車駛過鐵軌發出的單調而有節奏的聲音，逐漸就會感到困倦。搭乘火車容易感到疲倦，每個人都知道，可是為什麼？

現代醫學證明，當人們類的大腦皮層受到單一的有節奏的長期刺激以後，就會造成深度的抑制，降低身體各部位的興奮性，使抑制的影響由大腦皮層擴散到皮質下部位，引起困倦，進而使人們進入睡眠狀態。

正是由於這個原因，下雨的時候，聽到雨滴的聲音；搭乘火車的時候，聽到火車駛過鐵軌的聲音……就會感到睡意朦朧。其實，你仔細觀察一下，在日常生活中，為了哄吵鬧的嬰兒睡著，母親往往會輕輕地有節奏地拍著嬰兒，並且哼著輕柔的催眠曲，嬰兒很快就會睡著。此外，在醫學上治療失眠時，也經常採用這種單一聲音刺激的方法。

如果你晚上睡不著，試著默念數字「一、二、三……」，念到一定時候，你就會睡著，如果你不相信，就試一試吧！

有些夢記得清楚，有些夢記不清楚

每個人都會做夢，夢是如何產生的？人們在熟睡以後，處於高度抑制

狀態，外界的輕微刺激和微弱的聲音都不能傳到大腦，人們失去對外界刺激的反應。但是，如果在剛入睡還沒有完全熟睡，或是剛醒來還沒有完全醒來的時候，這個時候大腦只處於局部抑制狀態，周圍環境和身體內部刺激還是可能傳到大腦，因此就會做夢。

人們睡著以後，最初一到兩小時睡得很深很熟，以後就會逐漸變淺，將醒未醒的時候，人們所處抑制狀態就會很淺。這個時候所做的夢比較清晰，連貫性也比較強，醒來以後，在頭腦裡留下的短暫印象比較清晰，記得比較清楚。剛入睡或是熟睡以後所做的夢，印象很淺，支離破碎，大腦被抑制的時間又長，程度又深，早晨醒來以後就會記不清楚。

古人說：「日有所思，夜有所夢」，也是很有道理的。因為，夢的產生多半出於我們的思想、回憶、想像。當我們夢到很久不見的朋友或是曾經發生的事情，一切都是那麼清晰，好像就在面前一樣。這是由於大腦的個別部分在睡眠中還保持興奮狀態時期的痕跡引起的，所謂的痕跡是日常生活中大腦受到刺激而引起的。

此外，我們經常看到和接觸到的東西對我們刺激比較強，而在夢裡回憶的時候卻比較弱。對一些已經很久沒有注意的東西，在睡著的時候由於比較弱的刺激感覺擴大，就可能在我們面前出現清晰形象。這也是我們有些夢記得清楚，有些夢記不清楚的原因。

緊張的時候，總是想要上廁所

準備一個星期的演講比賽，立刻就要輪到你上場，這個時候的你會有什麼感覺？會不會想要上廁所？上學的時候，你有沒有發現有些同學在考試以前總是往廁所跑？你有沒有為此感到難為情，或是取笑其他同學？

其實，這是一種正常的人體生理現象。

首先，先來說人們為什麼會想要上廁所。在正常情況下，人們的排

尿活動是受到大腦的神經支配的。神經是人體中的一種組織，負責傳遞身體各部分之間的資訊。它就像電話線一樣，使聲音從線的那一頭傳到另一頭。大腦是我們身體的「總指揮部」，它就是透過神經來「告訴」身體的某個部分應該做什麼。平時，我們的身體一直都在產生尿液，然而它不是一產生就被排出體外，而是先儲存在我們身上的一個重要器官——膀胱中。膀胱的開口部有一種肌肉叫做括約肌，當它收縮時，尿液排出的通道就關閉起來，不讓尿液排出；當它放鬆時，通道就會打開，尿液被排出體外。這種肌肉的活動是由大腦控制的。當膀胱裡的尿液儲存到一定的量以後，它就會透過神經告訴大腦，大腦知道以後，就指揮膀胱的肌肉放鬆，排出尿液。在正常情況下，這些肌肉都是收縮的，所以我們不必總是去廁所。

　　緊張的時候，總是想要上廁所，到底是怎麼回事？曾經有這種經歷的人都會發現，儘管我們總是想要上廁所，但是去廁所以後才發現每次排尿不多甚至有時候沒有尿，說明我們的膀胱裡只儲存少量或是還沒有儲存尿液，真正的原因是大腦由於情緒緊張而處於敏感狀態，它就像一個愛哭的女孩，稍微受到刺激就會哇哇大哭。這個時候，雖然膀胱裡的尿液很少，傳遞給大腦的資訊很弱，但是大腦不僅會收到資訊，而且會做出強烈的反應，支配膀胱進行排尿，所以有些人緊張的時候就會想要上廁所。

　　現在你們明白吧？這種現象在生理學上稱為生理緊迫，是人體受到刺激的時候（例如：考試、比賽、驚嚇）產生的一連串功能活動改變的狀況，它不是什麼奇怪的現象！

為什麼一邊走路一邊聊天不累？

　　你是否有這樣的體驗：走相同的路，如果是一個人，走著覺得很累，如果是兩個人一邊走路一邊聊天，就不會覺得疲勞。再例如：你騎車經過

一片荒涼的地方，比你騎車經過相同長度的繁華街道感覺花費的時間多。為什麼相同的時間，相同的長度，相同的人，會有不同的感覺？

當我們獨自走路或是騎車經過荒原的時候，精神的集中點放在自己單一而機械的運動上，重複的運動會在大腦皮層產生單調而有節奏的刺激，會抑制大腦皮層的興奮性，隨著這種狀態時間的延長，最終會使我們感到煩躁和吃力，並且容易引發疲勞。

如果是一邊走路一邊聊天，或是身旁有不斷變化的風景時，大腦皮質所接受的就不是單調的刺激，出現新的興奮點，就會削弱原來單調刺激產生的不良反應，新的刺激不斷興奮大腦中樞，同時使大腦的注意力轉移到不斷更新的主題上，原有的抑制受到限制，所以我們就不會感到吃力和疲勞。

如果當你一個人走路的時候，不把注意力放在走路這件事情上，也可以達到兩人同行的效果。

為什麼眼睛會一起動？

你做過這樣的遊戲嗎：兩個人面對面，看著對方的眼睛，其中一個人發出口令：「左、右、上、下……」另一個人將眼睛移向指定的方向，你會發現無論口令多麼快，對方的眼睛都不會出現一個向左一個向右或是一個向上一個向下的現象。兩個眼睛始終都是步調一致，為什麼會這樣？什麼原因促使它們配合得如此有默契？

原因就要從眼睛的結構上說起。在每個眼睛的外面，分布六條肌肉，在不同方向上的肌肉有不同的名字，也有不同的作用。在眼睛上面的叫做「上直肌」，使眼睛上移；在眼睛下面的叫做「下直肌」，將眼睛向下拉；在眼睛內側的叫做「內直肌」，使眼睛靠近鼻側；在眼睛外側的叫做「外直肌」，使眼睛向耳側移動。此外，在眼睛上面還有一條斜肌肉叫做

「上斜肌」，在眼睛下面有另一條斜肌肉叫做「下斜肌」，它們可以使眼球發生轉動。單個眼睛的運動是由這六條肌肉控制的，兩個眼睛所有的肌肉是由眼球運動神經控制的。當眼睛要轉向某個方向時，大腦發出指令，透過眼球運動神經來控制它們，例如：當眼睛要向右看的時候，大腦就會告訴眼球運動神經，通知右眼的外直肌和左眼的內直肌一起收縮，同時要求左眼的外直肌和右眼的內直肌一起放鬆，這樣一來，左眼就會移向鼻側，右眼則會移向耳側，從外表看起來，兩個眼睛的運動就是同一個方向的。正是因為眼睛可以如此配合，我們看到的才會是一個世界。

如果大腦或眼睛肌肉出現問題，它們可能就無法如此有默契地配合，這個時候你就必須去醫院檢查。

類的眼睛為什麼不怕冷？

在寒冷的冬天裡，窗外的北風呼呼的吹著，溫度下降到攝氏零度的時候，你一定知道出門的時候要多穿幾件衣服，圍上圍巾，戴上帽子，套上手套。即使這樣，你還是會凍得鼻尖通紅，手指僵硬，耳朵發痛。可是，無論有多麼冷，我們暴露在外的眼睛似乎不會覺得冷。

這是為什麼？是眼睛被凍得沒有感覺嗎？當然不是，因為如果風中有沙子吹到眼睛裡，你立即會感到疼痛難受，這樣看來，眼睛不是沒有感覺，但是它為什麼不怕冷？

原來，這是因為在人類的眼睛上，只分布掌管觸覺和痛覺的神經，而沒有感覺寒冷的神經，所以無論天氣有多麼冷，人類的眼睛都不會覺得受不了。

這個特徵是由於人類在長期的進化中，為了適應環境而形成的。由於眼睛是人類的視覺器官，任何時候都需要用它去觀察世界，如果因為怕冷就要停止工作，人們在寒冷的地帶或是冬天的時候將會寸步難行，同時與

手、腳和鼻、耳相比，眼睛的溫度更高。手腳這些部位的微血管比較多，遇到寒冷會很快散發熱量，所以容易凍僵。眼睛的血管比較少，不容易散熱，加上眼睛的溫度保持在一定的程度，有利於維持眼睛的熱度。這樣一來，即使在北風呼嘯的嚴冬，我們也可以睜開眼睛去欣賞銀裝素裹的美麗世界。

為什麼有些人笑也會流淚？

不知道你是否有這樣的經歷？忽然遇到一件令人非常高興的事情，哈哈大笑，可是笑著笑著，眼淚就會不知不覺地流下來，有一個成語不是叫做「喜極而泣」嗎？可是你知道自己根本不想哭，但是為什麼眼淚會流下來？

這是因為在我們的眼睛旁邊有一條眼淚的下水道——鼻淚管。顧名思義，它是眼淚流到鼻腔裡的唯一通道。當我們安靜的時候，眼淚均勻地分布在眼睛表面，或是沿著眼皮內的空隙流動，再加上平時眼淚分泌得不多，而且每當你閉眼睛的時候，一些淚水就會經由鼻淚管流到鼻腔裡，所以你不會感覺到眼淚的存在。

但是，當你縱聲大笑的時候，眼皮就會用力地擠壓，將眼睛裡的淚水拼命向鼻淚管裡運送。與此同時，因為鼻腔由於大笑所引起的壓力增加，鼻淚管被堵塞，眼淚的下水道不通暢，淚水無處排泄，笑得越厲害聚集在眼睛裡的淚水就會越多，當淚水超過眼睛所可以容納的空間時，就會悄悄地沿著你的眼角流下來。你哭了，別人會這麼想。

燙髮的由來

燙髮是人們進行美髮的一種手段，它由來已久。

埃及可以說是世界上發明燙髮最早的國家。那個時候，婦女把頭髮捲在木棒上，塗上含有多量硼砂的鹼性泥，在日光下曬乾，然後把泥洗掉，頭髮就出現美麗的捲花。

1872年，法國美容師馬魯耶魯在巴黎發明用火鉗燙髮的技術，可以說是燙髮的最早展現。

1905年，威亞爾茲·內斯拉在英國倫敦發明把人們的頭髮排捲在鐵棒上，塗上重亞酸納等藥物，再用火卡子加熱，使頭髮彎曲保持得比較長久的燙髮技術。

此後，美國美容師查理斯·奈恩勒研究成功電燙技術，即用皮墊套在髮絲根部，再用硫酸襯紙把頭髮排捲在鋁棒上，用電阻絲導電加熱。

1940年前後，英國傑·史皮克曼等人在美國發明化學燙髮。他們用襯紙把頭髮排捲在小木棒上，塗上硫化乙醇酸、胺水鹼、石灰水等藥物，用熱毛巾蓋上氧化，使藥劑迅速滲透到頭髮裡，再用還原劑。這樣一來，使頭髮的形狀發生變化，形成柔和的彎曲，化學燙法操作安全，髮質光澤，捲曲自然，便於自行梳理，髮絲又不容易散亂，如今已經為世人廣泛使用。

酒 的由來

相傳，在古代有一個叫做杜康的貧苦農民，常年給地主當長工。他力氣大，飯量也大。地主的老婆很吝嗇，看見杜康吃得那麼多，心裡總是不太好受。

有一天，杜康生病了，拉肚子吃不下飯。地主的老婆認為有機可乘，就對在田裡吃飯的杜康說：「你多吃一點，今天吃多少，以後就吃多少，讓我們心中有數，以便做每月安排……」杜康一聽，知道此中有計，就趁地主的老婆走開的時候，將送來的飯一碗一碗的往田裡一棵大樹的空洞中

倒，然後抓幾把黃泥封好洞口。不久之後，地主的老婆走過來，只見一鍋飯所剩無幾，氣沖沖地走開了，心裡奇怪：這個傢伙生病也可以吃這麼多飯！

幾天以後，杜康在田裡工作，聞到從大樹那邊飄來一陣香味。他扒開樹洞一看：飯沒有了，只有幾勺清水。杜康好奇地拿一個罐子，把樹洞中的水裝上。在回家的路上，正巧碰上饞嘴的老朋友劉伶，他聞到香氣，端起杜康手上的罐子喝個精光。誰知，過了一陣子，劉伶頭昏腦脹，身體輕飄，他趺趺跑跑回到家裡，倒頭就睡著了。直到第二天中午，仍然沒有醒來，家人都嚇得哭起來。

杜康聽到劉伶出事，就把事情經過告訴劉伶的妻子，劉伶的妻子責怪杜康，兩人正在爭吵著，忽然看見劉伶坐起來！原來，劉伶睡了一個香甜覺，不是死了。他們才知道：由米飯變成的水，竟然有那麼神奇的作用。杜康把方法傳給別人，天長日久，杜康給它取一個名字叫做「久」。後來，你傳我，我傳你，又把它叫做「酒」。因此，至今還流傳兩句古話：「杜康造酒劉伶嘗，一醉三日才還陽。」

根據有關資料介紹，從出土的商代甲骨文和商代廢墟中發掘的實物中，可以看到酒的象形字和表示不同品種酒的象形字。在周代，釀酒已經有豐富的經驗，《禮記‧月令篇》曾經對釀酒的要點做出總結。可見，酒的釀製，在中國已經有悠久的歷史。

鐵觀音的由來

福建安溪盛產名茶「鐵觀音」，關於這種名茶的由來，有一個傳說：在清朝乾隆年間，安溪松林頭鄉村民魏飲篤信佛，每天清晨必以清茶一杯獻於觀音大士像前。

有一天，魏飲在山中石隙間，發現一株茶樹，在晨光照耀下，葉面閃

閃發光。魏飲知道這是一株好茶樹，於是挖回精心栽培。採葉製茶，發覺其葉要比其他茶葉為重，而且暗綠如鐵，人們就順口稱它為「重如鐵」。

用「重如鐵」製成的烏龍茶，香氣特異。由於這種茶葉經常被魏飲用於供佛，人們又改稱它為「鐵觀音」。

味精的由來

1908年的某一天，日本東京帝國大學池田菊苗化學教授，正在吃著妻子準備的可口菜肴。忽然，他停止進餐，怔了一會兒，問妻子：「今天這碗湯怎麼這樣鮮美？」他用小勺在湯碗中攪動幾下，發現湯中只有海帶和幾片黃瓜，情不自禁地自言自語：「海帶裡有奧妙！」此後，池田菊苗教授對海帶進行詳細的化學分析。經過半年的時間，他終於發現海帶中含有一種谷胺酸鈉，並且提煉出此種物質。正是它大大提高菜肴的鮮味，於是就將其定為「味精」。

後來，這位池田教授還發明用小麥提取味精，以脫脂大豆為原料製造味精的方法，進而使原料來源更加豐富，生產更加廣泛和普及。不久之後，味精就在全世界風行起來。

一杯羹擺古

在中國古代食品中，羹佔有重要的地位。婦女嫁到夫家，脫去新嫁衣，就要為公婆做一次羹湯。中唐詩人王建《新嫁娘》詩：「三日入廚下，洗手作羹湯，未諳姑食性，先遣小姑嘗。」說的就是這種習俗。

史書對著名的羹不乏記載，例如：三國時期，曹植享用的七寶羹，是用駝蹄做的，一甌價值千金。唐朝李德裕每食一杯羹，須花錢三萬，因為在他的羹裡，拌雜有寶貝、珠玉、雄黃、朱砂。宋代蔡京喜歡吃鵪鶉，一

碗羹需要殺掉幾百隻鵪鶉。明人冒襄在水繪園大宴天下名士，中席的羊羹用羊三百隻，上席的羊羹竟然用羊五百隻。清朝時期的河道總督府裡，吃一碗魚羹也要十數條魚。上述羹類，固然反映封建統治者的奢侈生活，也可見古人吃羹的講究。

　　為了一杯羹，歷史上曾經留下一幕又一幕的鬧劇。商紂王喜歡吃熊掌羹，有一次他發現熊掌沒有煮爛，就殘暴地把廚子抓來殺了。漢高祖未發跡時，曾經帶領一班賓客去他長嫂家，要長嫂做羹給他們吃，長嫂討厭劉邦與賓客來，把他們氣走了。後來，劉邦當上皇帝，一直忘不了這件事，就把長嫂之子封為羹頡侯（「頡」即剋扣之意）作為報復。更有甚者，由於分羹不均，竟然還釀成亡國慘禍。《說苑》記載：春秋時代，宋國與鄭國作戰之前，宋將華元烹羊羹享士，為華元駕車的羊斟沒有分到，於是在作戰的時候，羊斟說：「昔之羊羹子為政（做主），今日之事我為政。」結果，他把戰車馳入鄭陣，造成華元被俘，宋軍大敗。《戰國策》記載：戰國時代，中山國君宴請大夫，上菜的時候，因為羊羹太少，不能每人遍食。大夫司馬子期因為沒有分到羹，一怒之下，叛離中山，投奔楚國，並且勸說楚國征伐中山，導致中山國君竟然以一杯羹而亡國。

體 內時鐘一覽

1. 清晨8點左右，性激素分泌最多，被稱為愛情時間。

2. 9點左右，皮膚對注射反應最遲鈍，被稱為就醫時間。

3. 9點至10點，握手最有力，被稱為接觸時間。

4. 10點至12點，頭腦最活躍，被稱為富有創造性時間。

5. 13點左右，胃酸形成最多，被稱為消化時間。

6. 13點30分左右，肌肉能力最強，被稱為體操時間。

7. 15點至16點，手指最靈巧，被稱為手工製作時間。

8. 16點至18點，頭髮和指甲生長最快，被稱為生長時間。同時，肺呼吸最活躍，也稱為健康時間。

9. 17點到19點，味覺、聽覺、嗅覺最敏感，稱為感覺時間。

10. 18點至20點，皮膚對化妝物質滲透性最強，稱為美容時間。同時，肝臟分解酒精能力最強，也稱為飲酒時間。

11. 20點至22點，孤獨感最難忍耐，被稱為夫妻時間。

12. 22點左右，對傳染病警覺性最高，被稱為免疫時間。

13. 24點至4點，嬰兒出生最多，被稱為分娩時間。

14. 夜裡2點，汽車司機視力最差，被稱為失明時間。

15. 夜裡3點至4點，夜班工作操作最不靈巧，被稱為出錯時間。

16. 夜間4點至5點，血壓最弱，被稱為疲乏時間。

類可以少睡一些

現代科學研究顯示：人類在睡眠時，大腦的血流和耗氧並沒有明顯的變化，腦內和血液裡既沒有新的東西生成，也沒有舊的東西被修復。更令人奇怪的是，一些體格基本相似的成年人，有些人每天只需要睡5～6小時就已經滿足，有些人睡10小時還嫌不夠。根據科學研究證實：人類的睡眠是從遠古時代演化適應環境的「遺傳習慣」，只要人們採取緩慢而按部就班的方法克服這種「遺傳習慣」，調整「生理時鐘」，就可以少睡一些。

驚 人的人體奧妙

最小的「電台」：科學家們研究發現，每一個人體細胞都是一座微型電台，它可以發射出頻率為150赫茲的無線電波，只低於收音機的收聽頻

率。

最長的「管道」：人體各處佈滿1000多億根纖細的微小血管，如果全部連接起來，可以繞地球兩圈多。

最小的「化工廠」：人體的新陳代謝大部分是化學變化。在數百種稱為「酶」的催化劑的調整和控制下，數不清的化學反應按照一連串嚴格複雜的方程式依次進行。這一切，絕大多數是在最小的「化工廠」——只有1.5公斤重的肝臟裡進行的。

最卓越的「水泵」：人類的心臟可以連續工作一百多年，每天泵出血液6～8噸，三年半時間所泵出的血液可以浮起一艘萬噸巨輪。

最奇特的「鋼筋」：人類之軀體全靠骨骼支撐，骨骼是空心的，但是有許多適應力學要求的紋理結構，每平方公尺的骨頭可以承受1噸的重壓。

最原始的「發動機」：肺猶如一台發動機，推動人體氧化代謝的速度。肺在胸腔擴張最大時，可以容納4.5公升的空氣。根據計算，肺吸收氧的面積有129027平方公分，與一間小房子的面積一樣大。此外，肺的內表面積比皮膚面積大50倍。

生活中的最佳溫度

1. 體感的最佳溫度是18℃～20℃。

2. 保存茶葉的最佳溫度是10℃以下。

3. 泡茶用的開水最佳溫度是70℃～80℃。

4. 保存冷凍魚的最佳溫度是-3℃，有利於保持魚的鮮味。

5. 冷凍肉解凍的最佳溫度是10℃～15℃，可以保持肉的養分。

6. 貯糧的最佳溫度是8℃～15℃。防止糧食生蟲。

7. 飲水最佳溫度是44℃～59℃。

8. 洗頭用的水最佳溫度是50℃～60℃。

9. 煲粥下米時最佳溫度是50℃～60℃。

10. 保存蘋果的最佳溫度是5℃。

關於中國的一些事

中國人的容貌特徵

根據中國17個省近萬名成年人體的調查，中國人的容貌特徵是：

身材中等，膚色淺黃；頭髮比較黑而髮形比較直；眼色大多呈深褐，多數人的眼睛為「丹鳳眼」；鼻子中等寬，鼻樑中等高或偏扁平；顴骨很突出，臉部相當扁平；嘴部不向前突，嘴唇不厚不薄；身上體毛稀少。但是，不同地區的人，容貌不完全相似。廣東、廣西、福建等地的人眼睛開度大，眼皮有一二條橫紋，北方人「丹鳳眼」比較常見。東北人和華北人的鼻樑比較直，華南人的鼻樑軟骨部向上翹的比較多，鼻子也比較寬。華南人上唇厚1公分以上者超過40%，華北人和東北人嘴唇比較直立。中國人以卵圓形的臉形最多，但是南方人菱形和五角形臉略有增加。

長城到底有多長？

可以這麼說，如果不計分布於東西南北，在中國大地上綿延起伏的全部城牆，只取橫貫中國北方，規模最完整宏偉的北方長城，東西應該長達6300多公里，大約12600里。

根據史書記載，中國歷代有二十多個王朝和諸侯國曾經修築長城，如果把其他各朝所修築的長城長度相加起來，大約在50000公里以上。

黃河曾經一度由渾變清

黃河由渾變清，聽起來似乎難以置信，但是這個自然現象在中國歷史上確實曾經出現過。根據《大清世宗憲皇帝實錄》卷58記載：雍正四年（西元1726年）十二月，河道總督齊蘇勒等人先後馳奏，黃河自陝西府

谷縣歷山西、河南、山東以至江南之桃源（今江西泗陽縣），冰開水清，湛然澄澈。其在陝西、山西，始見於十二月九日，止於次年正月十三日；其在河南、山東，始見於十二月九日，止於次年正月十日；其在江南，始見於十二月十六日，止於是月二十三日。可以看出，其清是自上而下，及其復舊則是自下而上。對這個互古未見的現象，剛上台的雍正帝把它稱為「上瑞」，視作天人感應的結果，專遣大臣致祭河神，並且於雍正五年六月十一日，特諭頒布「御製黃河澄清碑」，勒石於江南清口（今江蘇淮陰縣西南）和河南武陟縣河神廟內，以誌其事。

中國最早的照片

攝影術最早是法國人路易・雅克・達蓋爾於1839年發明的，已經被國際所公認。攝影術是何時傳入中國？根據現有資料顯示，攝影在1844年就傳入中國。當時擔任兩廣總督的清宗室耆英，是目前有據可考的最早照過相的人之一。耆英雖然為清宗室貴族，但是思想開放，比較早接受當時被某些人稱為「收魂攝魄之妖術」的攝影術，並且將其應用到外交活動中。1844年，耆英在給道光帝的奏摺中，提到英、法、美、葡四國使臣曾經向他索取「小照」，他將四份「小照」分別贈送給他們。1984年，中國的攝影工作者在法國巴黎攝影博物館發現耆英的銀版照片，雖然是在140餘年以前拍攝的，仍然十分清晰。照片的作者是于勒・埃及爾，他曾經以法國海關總檢察長的身分，於1844年到中國參與《中法黃埔條約》的談判。耆英的照片，就是在那個時候拍攝的。

數姓趣話

在中國眾多的姓氏中，有一種不常見的姓，即以數字為姓，或是以序

數為姓，還有連姓帶名都是數字。

一、乙、壹姓：明代成化年間，河北定州嵩明縣丞姓一名善。宋代嘉熙年間，福建寧化知縣姓乙名太度。明代永樂年間，興化府經歷姓壹名震昌。

三姓：元代雲南行者右丞姓三名旦八，號飛山子。清代乾隆時期，一個進士叫做三寶。清代廣西一個提督叫做三德。

四姓：越王勾踐一個著名臣子姓四名水。

五或伍姓：伍姓常有。三國時期，蜀漢後主朝有一個諫議大夫姓五名梁。

六或陸姓：陸姓常有，而六姓很少。清朝一個官員至給事中者，連姓帶名叫做六十七，字居魯，著有《遊外詩草》、《臺陽雜詠》等詩文。

七或柒姓：明代正德年間，永春縣訓導姓七名希賢。弘治年間，宣化府一個舉人姓柒名文倫。清代乾隆時期，有一個官至直隸正定鎮總兵叫做七格，一個正黃旗武將叫做七十五，還有一個進士叫做七十一，字椿園，著有《西域聞見錄》。

八或捌姓：明代正統年間，一個禮部主事姓八名通。宣德年間，有一個利港巡檢姓捌名忠。清代乾隆時期，江寧將軍叫做八十六。

九姓：唐高祖武德年間，一個翰林姓九名嘉。後漢西南夷哀牢王叫做九隆。清代嘉慶年間，廣西提督叫做九十。

百姓：明代福建泉州有一個學者姓百名堅。清代乾隆時期，有一個進士（後來官至協辦大學士）叫做百齡。

此外，還有以百里為姓的，例如：春秋時期秦國人百里奚，漢代一個徐州刺史姓百里名嵩。

漢代一個小吏姓九百名里。漢代南蠻人有姓五里的，一個叫做五里精夫，一個叫做五里六亭。

以序數為姓有史可查的，有唐玄宗時期一個中尉姓第二名從直。三國

時期，後漢會稽太守姓第五名倫，他的曾孫叫做第五種，後來官居兗州刺史。魏有叫做第五文林，晉有叫做第五寧遠，元有叫做第五居仁，明有叫做第五規。漢代王莽篡位時期，有一個講學大夫姓第八，叫做第八矯。

此外有人認為，「六十七」和「七十五」是清代滿族人取的數字名。根據查證：乾隆時期，名叫「六十七」的有4人，名叫「七十五」的有6人，其中包括正黃旗滿洲副都統瓜爾加氏七十五。根據不完全統計，乾隆時期用數字取名的，民間的不算，寫到官修史書中的滿族人就有110多個。這些數字名是根據什麼而取？原來，大多根據小孩降生時，他的父母年歲（或祖父母年歲）之和數，作為這個孩子的名字。

巾幗・裙釵・蛾眉

前人對於婦女的代稱，大多是從其服飾和容貌兩方面著眼。例如：「巾幗」，原本指中國古代婦女的頭巾和髮飾。《晉書・宣帝紀》記載：「亮（諸葛亮）數挑戰，帝（司馬懿）不出，因遺帝巾幗婦人之飾。」後來就用作婦女的代稱，代父從軍的花木蘭，即被後人稱為「巾幗英雄」。《紅樓夢》第一回中，有「我堂堂鬚眉，誠不若彼裙釵」一句，這裡用「鬚眉」代稱男子，而用「裙釵」代稱婦女。裙是裙子，釵是頭飾。白居易《長恨歌》中，有「宛轉蛾眉馬前死」一句，又用「蛾眉」代稱楊貴妃。另一句「六宮粉黛無顏色」，則以「粉黛」代稱其他宮女。因此，「蛾眉」（一作「娥眉」）和「粉黛」也用作婦女的代稱。此外，還有用「紅袖」、「紅粉」、「紅顏」來指稱婦女。「紅袖」是婦女的豔裝，「紅粉」是供化妝用的胭脂香粉，「紅顏」是指婦女的美麗容貌。這些代稱在古詩詞中屢見不鮮。

為什麼同樣是眉毛，婦女以「蛾眉」代稱，男子卻稱「鬚眉」？這是因為，古人對於男女眉毛的審美觀各有不同。男子以天生的濃眉長鬚為

美,故稱「鬚眉」;婦女化妝的時候,經常用青黑的顏色將眉毛描畫成細長而彎曲的形狀,故稱「蛾眉」。

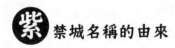禁城名稱的由來

　　故宮又稱為紫禁城,禁是不准進入之意。古時候,人們不允許靠近宮門,百官到此也要下馬等候。紫禁城的來歷傳聞很多,說法不一。古代皇宮宮女巧妝華貴、豐豔媚麗,猶如五彩雲朵在宮中飄來飄去。再加上有宮廷富麗建築點綴,構成一幅美麗的圖畫,故稱「美如畫」,用「紫」字來形容,有紫城的說法,後來又有紫禁城的說法。但是根據出土文物資料記載,遠在西元400年的晉朝就有此傳。當時的著名畫家顧愷之,擔任散騎常侍。有一次,晉孝武帝司馬曜命其在建康瓦棺寺作畫。在《維摩詰像》壁畫中,顧愷之提筆一揮光彩照人,躍然壁間,轟動京城。畫中宮殿堂皇,衛士威武,宮女嬌美,人物栩栩如生,惟妙惟肖。在此壁上方,又提「一縷香飄帶,仙凡紫禁間」詩名來襯托畫意。當時,人們稱這幅壁畫是「傳神寫照,意在紫禁。」按照中國古代風俗習慣,將星分為三垣二十八宿,其中紫微垣,才可以稱為紫微宮。它的位置在北斗星的東北方,被認為是玉皇大帝居住的地方。封建帝王經常以真龍天子自詡,他們所生活的地方,也變成地上的權力中心。紫禁城的「紫」字,就是取天帝之宮之意。又因為皇宮是戒備森嚴之地,嚴禁百姓進入。紫禁城的「禁」字,又表現皇家的威嚴。

刑的由來

　　杖刑,中國古代用大竹板或大荊條拷打犯人脊背臀腿的刑罰。杖刑的起源甚早,《尚書·舜典》有「鞭作官刑」的說法,意即用鞭杖懲罰失

職的官吏。漢、魏、晉都設有鞭杖的刑罰，至南北朝梁武帝（西元502～549年在位）時期，才把杖刑列入刑書，作為一項正式的刑罰手段，規定杖用生荊製作。北魏開始把杖刑、鞭刑、徒刑、流刑、死刑並列，為五刑之一。北齊和北周沿襲魏制，北齊杖刑分為三等：三十、二十、十；北周杖刑分為五等：十、二十、三十、四十、五十。北周和北齊均允許以金贖杖刑。

隋代廢除鞭刑，以杖刑代之；另立笞刑，以代替原來的杖刑。隋代杖刑分為五等：六十、七十、八十、九十、一百，凡所犯重於五十笞者，則入於杖刑。唐代杖刑與隋代相同，宋沿襲唐制杖刑亦分為五等。宋代杖刑的特點是：廣泛用它作為附加刑，流刑和徒刑都加杖。

遼國杖刑，根據《遼史‧刑法志》記載，其數目為五十至三百。凡是杖五十以上者，以沙袋決書，即用熟皮合縫，裝沙半斤，長六寸，廣二尺，加一尺許木柄，對犯罪者擊打。遼太宗時期，大臣犯罪不至死，以木劍擊背，其數自十五至三十。明清杖刑沿襲唐制，犯徒刑和流刑罪都用杖刑作為附加刑。所不同的是，明代杖刑用三尺五寸長的大荊條，清代杖刑用五尺五寸長的大竹板。

清朝末年，廢除杖刑。

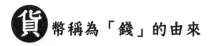 幣稱為「錢」的由來

「錢」是中國對貨幣的俗稱。

為什麼稱貨幣為「錢」？原來，在漫長的商品交換發展中，產生一般等價物作用的商品，不是一開始就用黃金，而是先用牲畜。但是，牲畜大小、肥瘦、雌雄、健病不同，加上牲畜不能分割，不便攜帶和保管，就被穀帛代替。以穀帛充當一般等價物，也會出現「蘊濕穀以要利，制薄絹以充資」的投機現象，又因為它們品質不一，作價勢必會引起麻煩，這樣

久而久之，人們就以武器和生產工具等實物作為一般等價物，進行商品交易。中國古代一種農具，當時稱為「錢」，最早曾經仿其形狀鑄為貨幣。由於它比較長時間地被當作交換媒介物，因此貨幣也通稱「錢」。

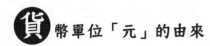

貨幣單位「元」的由來

中國的貨幣已經有四五千年歷史，由於貨幣的質地和形狀不同，計量的單位和名稱也不同。用「元」作為貨幣的單位，是從明代萬曆年間開始。那個時候，歐美流行最廣泛的貨幣「銀圓」開始傳入中國，最通行的是墨西哥銀圓，錢面有鷹的圖案，所以又稱為「鷹洋」。因為其質地為「銀」，形狀呈圓形而得名，一枚就稱為一圓。「圓」字既是貨幣名稱，又是單位名稱。為了書寫方便，後來人們就借用同音字「元」代替。此後，儘管又使用過多種貨幣，但是貨幣單位「元」卻一直沿用下來。

皇帝的別稱

在封建時代，「皇帝」雖然是一個無比尊貴的稱號，但是臣下在皇帝面前，卻不能直呼「皇帝」二字。事君惟謹的臣子稱呼皇帝，經常只用皇帝的別稱。

東漢時期，有時候稱皇帝為「國家」，這是由於古代稱諸侯為「國」，稱大夫為「家」，人們就以「國家」作為國的通稱，皇帝是國的化身，因此稱皇帝為「國家」。到了晉代，仍然沿襲這種稱呼，《晉書‧陶侃傳》：「國家年小，不出胸懷。」這裡的「國家」，即是指晉成帝司馬衍。

東漢蔡邕《獨斷》記載：「親近侍從官稱（皇帝）曰大家，百官小吏稱曰天家……天子無外，以天下為家，故稱天家。」

唐代尊稱皇帝為「聖人」，王建《宮詞》：「殿頭傳語金階遠，只進詞來謝聖人。」李白詩中稱皇帝為「六龍」。宮中稱皇帝為「宅家」，因為皇權至高無上，「以天下為宅，四海為家」，故稱其「宅家」。

宋代時期，曾經以廟、祖稱皇帝，例如：稱神宗為神祖，稱仁宗為仁廟。根據呂叔湘《筆記文選讀‧癸辛雜識》記載：宋習以陵寢之名為帝王之別稱，如宋仁宗稱昭陵，神宗稱裕陵等。還有稱「官家」、「官里」的，晉曰（皇帝）天。唐人多曰天家，又云官。今人（指宋人）曰官家，禁中又相語曰官里。官家之義，蓋取五帝官天下，三王家天下。

除了上述以外，皇帝的別稱還有：天子、陛下、皇上、上、飛龍、縣官、乘輿、車駕、駕、萬歲、萬歲爺、至尊、人主、聖、家家（北朝）、郎主（遼、金）、袞、袞職……也有以年號作為皇帝別稱者。皇帝的別稱，有時候也用於皇后。

太上皇的由來

「太上皇」制度，大約最早起源於戰國。當時，趙武靈王自稱「主父」，傳位於王子何。

漢高祖劉邦尊稱其父為「太上皇」，是這個稱號的開始。之後，「太上皇」的稱號，情況各不相同。有些是老皇帝主動傳位其子，例如：宋高宗傳位孝宗，孝宗傳位光宗。有些是兒子稱帝，逼迫前皇帝父親退位，例如：唐肅宗稱帝，逼迫唐玄宗退位。還有父親勉強讓位給兒子，心中不願意也不得不讓出帝位，例如：唐高祖傳位唐太宗。這些太上皇，因為授受之際情況不同，各自境遇也不同。有些仍然操持朝政，有些悠遊度日，有些成為階下之囚。歷史上名副其實的有尊位有權勢的太上皇，就是清高宗（乾隆皇帝）。他自恃「天威遠震，武功十全」，宣稱只做60年皇帝（因其祖父康熙做61年皇帝，不敢超越），自詡為「十全老人」，在晚年大興

土木，修建寧壽宮，又刻「太上皇之寶」玉璽。85歲的時候，他正式當上太上皇，但是大權緊握絲毫不放，直到臨終（89歲）。

最 昂貴的中國郵票

瑞士的華郵收藏家、著名的郵商霍康伯，在1983年10月19日，用66800美元（當時是140625瑞士法郎）買到一枚清政府1897年發行的《紅印花小一元》郵票。這種被譽為「華郵之寶」的珍貴郵票，存世只有30枚左右。

霍康伯的這枚珍郵，是在蘇黎世國際大飯店舉行的「保羅・霍克遺集」拍賣會上買到的。霍克是奧地利著名的華郵收藏家，這枚《紅印花小一元》郵票是他在1967年用800英鎊（當時為2240美元）買到的。1990年的3月21～28日，也是在這座超級豪華的飯店舉行的高珍菲娜拍賣會上，霍康伯的這枚珍郵以25萬瑞士法郎賣出，買主連同付出15%的佣金，總共用去287500瑞士法郎，大約新台幣280萬餘元。

這枚珍郵創造中國郵票的最高售價，由於超過東京太陽集郵中心1973年以75000美元買回的日本1871年發行的《龍圖倒印五百文》郵票，創造亞洲郵票的最高售價，因此也成為世界售價最高的十種郵票之一。

歷 史上年齡最小的皇后

根據《漢書・外戚列傳》記載：孝昭上官皇后，是漢武帝時期太僕及左將軍上官桀之子上官安的女兒。上官安娶大將軍霍光之女為妻，生上官皇后。西元前87年，漢武帝劉徹病逝，立劉弗陵為昭帝，年8歲。西元前83年（昭帝始元四年）昭帝12歲時，由昭帝長姐鄂邑蓋長公主作主，召

上官安之女入宮選為婕妤。「月餘,遂立為皇后,年甫六歲」。上官皇后立10年,昭帝於元平元年(西元前74年)病逝。因為漢昭帝無子嗣,立昌邑王劉賀為帝,尊上官皇后為皇太后。劉賀當皇帝只有27天,就被大將軍霍光與上官皇太后共謀廢掉,後來立劉詢為帝,並且尊上官皇太后為太皇太后,時年僅15歲。上官氏西元前37年(漢元帝建昭二年)逝世,終年52歲。

錦衣衛的由來

錦衣衛是明代官署名,即錦衣衛指揮使司,1382年設置,原本為護衛皇宮的親軍,掌管皇帝出入儀仗。明太祖加強專制統治,特令兼管刑獄,賦予巡察和緝捕權力。最高長官為指揮使,經常由功臣或外戚擔任。

錦衣衛所屬鎮撫司分為南北兩部,北鎮撫司專理詔獄,直接取旨行事,用刑尤為殘酷。

明代中葉以後,錦衣衛活動加強,成為與東廠和西廠並稱的特務組織。

歷史上的一次宮女造反

明人沈德符在《萬曆野獲編》一書中,記載中國歷史上一次宮女造反事件,此事發生在明朝嘉靖壬寅年(西元1542年)。由於不甘忍受封建帝王的壓迫和蹂躪,皇宮內16名宮女聯合動手,以迅雷不及掩耳之勢,用繩子勒住嘉靖皇帝的脖頸,並且用布條塞住嘉靖皇帝的嘴巴。宮女們人多勢眾,嘉靖皇帝無法抵抗,被壓倒在地。她們坐到嘉靖皇帝的肚子上,用力拉緊繩子。也許是宮女們心慌,繩子沒有結好,未能如願以償地將嘉靖皇帝置於死地。後來,皇后和禁軍聞訊趕到,嘉靖皇帝免遭一死。無能的

嘉靖皇帝，由於遭到極度的驚嚇，幾日都不省人事。16名造反的宮女，後來一律被「凌遲處死，銼屍梟首」。

孫 悟空的「國籍」在哪裡？

早在20世紀二三十年代，孫悟空的原型問題就引起學者們的爭論。魯迅認為，孫悟空的形象與《太平廣記》的無支祁有關。無支祁（巫枝袛）是淮渦水神，形似猿猴，金眼白牙，力氣超過九頭象，奔走迅速。被大禹治服以後，脖鎖大鎖鏈，鼻子穿多鈴，放到淮陰的龜山腳下。魯迅認為孫悟空的「國籍」是中國。

胡適則認為，在印度最古老的紀事詩《拉麻傳》（今譯《羅摩衍那》）裡有一個哈奴曼，大概可以算是齊天大聖的背影。哈奴曼是猴子國大將，可以在空中飛行，一跳可以從印度到錫蘭，可以把希瑪耶山背走，它曾經被吞入一個老母怪肚中，伸縮變化以後，又從耳朵鑽出。因此，胡適認為孫悟空的「國籍」是印度。後來，鄭振鐸、林培元、陳寅恪都發表文章，認為孫悟空的「國籍」是印度。

林 黛玉真有其人

古典名著《紅樓夢》中的林黛玉，在歷史上真有其人。根據有關資料記載，林黛玉的真名是李香玉，是康熙年間蘇州織造李煦的孫女、兩淮鹽課李鼎的掌上明珠。李煦即曹雪芹嫡親祖母的胞弟。曹雪芹祖父曹寅過世以後，由其子繼任父職，不滿3年，死於京師，曹雪芹就是他的遺腹子。曹雪芹祖母李氏視曹雪芹為寶貝，每年到蘇州探望年近90的文氏太夫人時，必定攜同前往，經常寄居於李鼎家拙政園。李鼎之女李香玉與曹雪芹青梅竹馬，兩小無猜，自在意中。

康熙末年，李鼎夫婦不幸雙亡，膝下僅遺李香玉。此女聰穎過人，深得曹雪芹祖母鍾愛，就接她去江寧織造署，由其祖姑母加意撫養。但是好景不長，自雍正登極，宮廷黨爭，報復異己。李煦首當其衝，革職查抄，家業蕩然。至此，李香玉已經孑然一身，無家可歸，長期依靠曹氏庇蔭。更不料，曹雪芹家六親同命，不到5年，即遭抄籍厄運，在江南70多年的家業被連根剷除。

1728年春天，曹氏全家遷京，李香玉隨之。曹氏尚得親故照料，但是李香玉寄人籬下，不免鬱鬱寡歡，加之其生來多愁善感，雖然有曹雪芹溫存寬慰，然而年歲增長，終身未遂，憂思難平，不到幾年，竟然香消玉隕。曹雪芹為此悲痛大哭，故著《紅樓夢》一書以作紀念。

科 舉中武舉的由來

武舉制度始於唐代，是科舉中的一部分。武則天時期，為選拔武官而增設武科。元朝沒有實施武舉。宋明兩朝實施武舉制的情況，在《宋史》和《明史》選舉志部分均有記載。宋朝的武舉，一直實施到南宋咸淳年間。明朝的武舉，自洪武年間至崇禎之末，200餘年始終未斷。武舉殿試是從崇禎年間開始。清朝實施武舉時間也有200年左右。

中 國人的智商最高

美國有關人口研究專家認為，中國人的智商大大超過歐洲人、美國人、日本人。

專家經過研究以後發現，在建築師、物理學家、博物學家等專家中，智商都以美籍華人為最高，美籍日本人次之，美國人則最低。

在其他10個行業智力測驗中，也有8個行業美籍華人超過美國人的智

商，只有律師和牧師兩個專業略低。

專家研究以後得出結論認為，中國人的智力優勢在於：一、中國兒童智力開發具有極大潛力；二、中國漢字認識的獨特方式，比認識西方拼音字母有更多優越性；三、中國悠久的文化傳統，對智力發展影響大；四、中國人有特殊推理技能。

五百羅漢的傳說

關於五百羅漢的來歷，佛經也是其說不一，有些說他們是跟隨釋迦牟尼聽法傳道的五百弟子，有些說他們是參加第一次結集三藏或第四次結集三藏的五百比丘（即和尚）。還有一種說法：他們前身是五百隻大雁。有一次，雁王誤入獵人網中，獵人將取殺之，一雁在雁王前悲鳴不已，五百大雁亦在半空盤旋不去。獵人看見以後大為感動，於是釋放雁王，雁群高興地隨雁王飛去。雁王即釋迦牟尼，五百雁是五百羅漢。又有一說：他們前身是五百隻蝙蝠，住在一棵枯樹的樹洞中，一群商人在樹下燒火取暖，不慎燒著枯樹。有一個商人在樹下誦經，蝙蝠們太喜歡聽佛經，大火燒身亦不離去，最後與枯樹同歸於盡。它們以後託生為人，後來修成五百羅漢。再有一說：他們是受到佛祖感召的五百強盜，放下屠刀，而成羅漢。此外，還有一些其他說法。前兩種說法比較合理，後幾種說法只是在宣傳佛教的感召力。

其實，五百羅漢與十八羅漢不同，後者是實有其人，五百羅漢卻是虛擬的。「五百」之數，是言其多也，並非實指，提出以上說法之諸經，沒有一部列出五百羅漢的名號。這是一些佛教理論家在虛張聲勢，以擴大佛教影響。

到了南宋，有一個好事的高道素想盡辦法把他們「落實」，並且刻下《江陰軍乾明院五百羅漢名號碑》。此後，這件贗品不脛而走，各地羅漢

堂五百羅漢名號皆援用其名。這樣一來，弄虛成實，使人信以為真，頂禮膜拜。

和 尚為何剃光頭？

凡是正式出家的和尚都要剃去頭髮，據說佛祖釋迦牟尼最初對憍陳如和迦葉等五人說法時，曾經親自為他們剃去頭髮，表示接受他們為弟子。

為何和尚要剃去頭髮？歸納起來有三個意思：第一，象徵剪除煩惱和消除舊習。按照佛教的說法，頭髮是人世煩離和錯誤習氣的象徵，剃去頭髮就是剪除煩惱和消除舊習。唐代詩人王維在《為舜闍黎黎謝御題大通大照和尚塔額表》一文中說：「覆以慚愧之衣，落其煩惱之髮。」意思是說：穿上袈裟，隨時有慚愧謙虛之心；剃去頭髮，希望排除人世一切煩惱。第二，表示去除驕傲怠慢之心。《智度論》第四十九說：「剃頭著染衣，持缽乞食，此是破憍（同驕）慢法。」第三，為區別於其他的教派。「五分佛制半月剃髮」。印度的教派很多，人們看見剃光頭的，就知道是佛教徒。佛教初入中國時，和尚出家沒有其他傳戒儀式，只要剃去頭髮，披上類似袈裟的粗布衣就可以。

丑 居於各角色之首

過去，在京劇和各地方劇種的戲班裡，生旦淨末丑各行當中，丑角享有特別的權力。例如：劇團的行裝，要分裝大箱（文戲服裝）、二箱（武戲服裝）、頭盔箱、靶子箱（刀、槍、劍、戟）、外箱（桌披和椅披）。規定：女演員不准坐箱，生、淨、末不准坐女演員行裝箱，否則以調戲女演員論處，頭盔箱任何演員不准坐，丑角除了頭盔箱以外，任何箱子都可以坐。演出之前，要由丑角領頭上三柱香，向戲台後堂安坐的「老郎神」

雕像行九叩禮。化妝，丑角不提筆開臉，誰都不准開臉。某演員犯下「行規」，丑角升堂問罪，丑角坐首席，左邊是打鼓的，右邊拉胡琴的，演員分列兩排，丑角宣布條規以後，有判處打屁股、罰款、開除的權力。為什麼丑角的權力那麼大？據說，唐玄宗李隆基為了討好楊貴妃，頒下一道聖旨，把在朝的左丞右相、王公大臣、嬪妃們都找來扮戲。其中一個叫做「老郎神」的角色，沒有人扮演，李隆基脫下龍袍說：「這個角色我來扮演。」當他走下金鑾殿來到二墀時，正好簷前燕雀飛過，屙下一堆白底帶黑的屎，不偏不斜落在李隆基的鼻架兩旁，李隆基顧不得許多，隨手一抹，抹成一個小白花臉（就是今天丑角的臉譜），引起大臣們哄堂大笑，李隆基還以為大臣們在讚賞他的藝術而高興。從此，丑角就成為各角色之首。

孔 廟知多少

孔子死後的第二年（西元前478年），魯哀公將其生前在曲阜的「故所居堂」立為廟，當時只有廟屋三間。這是歷史上的第一座孔廟——闕里孔廟。

隨著孔子地位的不斷提高，闕里孔廟不斷重修擴建。漢桓帝永興元年（西元153年），皇帝首次下令修孔廟，並且派孔和為守廟官。東魏孝靜帝興和元年（西元539年）修孔廟時，「雕塑聖容，旁立十子」，為孔廟有塑像之始。但是，一直到宋初，孔廟的規模不大。宋真宗天禧年間，一次增廣殿堂廊廡316間，使廟制擴大10多倍。明代弘治年間修廟時，又擴出前三院。清代雍正年間重修時，則仿皇宮之制，將正殿和正門改為黃琉璃瓦。經過歷代數次重修和擴建，孔廟面積達到327.5畝，前後九進院落，建築群包括三殿、一閣、一壇、一祠、兩廡、兩堂，總共466間，另有54座門壇，2000多塊碑碣，成為全國最大的孔廟。

曲阜的另一座孔廟在孔子的出生地尼山，此廟規模雖然不大，但是由於建在尼山頂上，松柏掩映，雲霧繚繞，有仙山瓊閣之感。

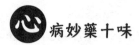病妙藥十味

昆明華亭寺裡，有一張專治心病的處方，讀來令人目清腦醒。

藥有十味：好肚腸一根，慈悲心一片，溫柔半兩，道理三分，言行要緊，中直一塊，孝順十分，老實一個，陰陽全用，方便不拘多少。

用藥方法是：寬心鍋內炒，不要焦，不要躁，去火性三分。

用藥時還要忌：言清行濁、利己損人、暗箭中傷、腸中毒、笑裡刀、兩頭蛇、平地起風波。

據說，這個處方是唐朝天際大師石頭和尚所開，歷時一千多年，不知道醫好多少人的心病。

字詞本義

中藥店為何稱「堂」？

中國各地的中藥店，大多稱「堂」，例如：「樂仁堂」、「同仁堂」、「同德堂」。更有意思的是，一些中醫師在簽名落款時，往往在名字前面冠以「坐堂醫生」四字。這是為什麼？原來是出自醫聖張仲景坐堂行醫之典故。

張仲景，東漢南陽人，自幼聰穎，勤奮好學，博覽群書。他從史書上看到扁鵲為人治病的故事，心裡很感動，就拜同鄉名醫張伯祖為師，盡得其傳，加上自己勤奮好學，很快就超越老師。後來，他官至長沙太守，當時傷寒等疫病流行，為了拯救黎民百姓，他身為太守仍然孜孜不倦地鑽研醫學，為民治病。尤其是他公然打破官府清規戒律，坐在辦公的大堂上行醫，為病人診脈開方，辦公行醫兩不誤，後來，他經常在自己名字前面冠以「坐堂行醫」四字。後人寫詩讚頌他「官隨民願守長沙，心涵胞與萬千家。興亡盛衰同禍福，坐堂行醫惠無涯」。

世界的本義

「世界」一詞現在運用很多，乍看似乎很具體，仔細一想，很難說清楚它到底指什麼。

本來，「世」是指時間，古書注釋：「三十年為一世」，古字形「世」就是「卅」，也就是三個十字的連合體，造字用意十分清楚。界，本意是田的界線，後來引申為所有地域界限。

現代漢語「世界」一詞，是從佛經翻譯中引用而出。佛教把宇宙看成時間和空間的混合體，《楞嚴經》說：「世為遷流，界為方位。汝今當知，東、西、南、北、東南、西南、東北、西北、上、下為界，過去、未

來、現在為世。」可見佛經以「世」來指代時間，以「界」來指代空間。宇宙既是時空的統一體，當然就稱為「世界」。

人們把地球上所有地域稱為「世界」，就是取佛經「界」的詞義。「世」在這裡沒有什麼意義，只是為了湊足雙音詞。至於哲學概念的「世界」，顯然也是為了對譯外來語而借用佛教詞。還有「內心世界」和「藝術世界」等說法，都是一種引申，是藉由具體的世界去表示抽象的「世界」。

南 無阿彌陀佛

「南無」，是古代印度梵文的譯音，意指合掌稽首，表示恭敬。「阿彌陀」意指「無量壽」。所以，「阿彌陀佛」也叫做「無量壽佛」，簡稱「彌陀佛」，是西方極樂世界的教主。「阿彌陀佛」說得通俗一點，就是信佛者會前程光明，壽比南山。「南無阿彌陀佛」，即「尊敬的無量壽佛」。如果依照字面去理解，就會產生錯誤。唐朝詩人王維，篤信佛學，因為崇敬維摩詰（釋迦牟尼時代的佛教修行者），所以名維字摩詰。其實，意思是「無垢」，亦作「淨名」，如果拆開用漢語義譯，就成為「王無，字垢」，豈不是笑話。

戒 指之「戒」

在中國，戴戒指的歷史最早可以推至商代，當時稱為「指環、驅環、約指」，是一種禁戒的標誌。古書記載：古時候婦女懷孕或月經期，把戒指戴在手上，以示禁忌男人和她親近。《五經要義》記載：「古者，后夫人必有女史彤管之法。后妃群妾，以禮御於君所。女史書其日月，授其環，以進退之。生子月娠，則以金環退之。當御者以銀環進之，著於左

手；既御，著於右手。」大意是說，古時候在宮中侍奉君王的妃妾，要用金銀兩種戒指分別戴在左右手以示區別，如果將銀戒指戴在右手上，表示可以讓君王親近，如果將金戒指戴在左手上，表示該妃妾月事或妊娠，君王應該對其「戒止」。現在，戒指古老的含義發生根本的變化，其初始意義已經鮮為人知，現代女子把戒指戴在左手無名指上，表示她已經婚配，其他男人應該對她尊重，從這裡我們才可以看出戒指初始意義的遺跡。

傻瓜的由來

古時候，姜戎氏的祖先吾離被秦軍趕到秦嶺地區的瓜州，他的子孫就用地名來取族名叫做「瓜子族」。瓜子族人勤懇、誠實、苦幹，受雇於人時，不聲不響地埋頭苦幹不歇手，人們誤認為這是「愚蠢」，就把「愚蠢」的人稱為「瓜子」。清代《仁恕堂筆記》：「甘州人謂……不慧子曰『瓜子』。」甘州即今甘肅。後來，人們把「瓜子」和形容詞「傻」字連結起來，才出現「傻瓜」一詞。

床前明月光的「床」是井欄

許多人以為，李白《靜夜思》中的詩句「床前明月光」的「床」是指睡覺的床，其實是一個誤會。

所謂「床」，是指圍在井口的一圈欄杆。李白站在院子裡，看到井旁的月光，才懷疑是地上下霜。

李白還有一首詩《長干行》，其中「妾髮初覆額，折花門前劇。郎騎竹馬來，遶床弄青梅。」成語「青梅竹馬」就是來自這首詩。那個女孩折下一朵花在門前玩耍，那個男孩胯下騎著一根竹竿，在井欄旁邊繞圈，手裡搖動青梅果。這是很明顯的事情，既然女孩在門前站著，門外就不可能

擺一張睡覺的床。

唐朝人把睡覺的床叫做什麼？叫做「榻」。

古人在詩中，很喜歡提到井和井上的圍欄，因為人們和井不可分，沒有水就無法存活。家鄉的井，就代表家鄉。有一個成語「離鄉背井」，鄉就是井，井就是鄉。所以，李白在詩中不說「房前明月光」，而是說「床前明月光」。

尼古丁原本是人名

人們經常說香菸中含有尼古丁，其實原本不是叫做尼古丁，而是一種叫做菸鹼的有毒物質。尼古丁是一個法國人的名字，他在葡萄牙當大使的時候，對當地人吸食一種植物而生病甚至死亡，感到非常奇怪。於是，就把這種植物帶回國去研究，發現這種植物的菸鹼含量很高，會誘發癌症，是導致氣管炎、氣喘、心臟病等疾病的有害物質。人們為了紀念他的功績，就把菸鹼稱為「尼古丁」。

雷同的由來

雷同，意指隨聲附和，亦指不應該相同而相同。現在一般在文藝評論中使用，表示某人作品與其他人作品相近。為何稱為「雷同」？溯其本源，古時候有一種說法：打雷的時候，萬物都同時回應，《禮記‧曲禮》：「毋剿說，毋雷同。」漢代鄭玄注：「雷之發聲，物無不同時應者。人之言當各由己，不當然也。」意思是說，人們應該用自己的心去斷其是非，不要取他人之說以為己語，就像萬物聞雷聲而應那樣。因此，「雷同」有「隨聲附和」之義。《漢書‧劉歆傳》：「或懷妒嫉，不考情實，雷同相從，隨聲是非。」「雷同」的這些含義，雖然在今天不常用，

但是人們借用此詞來批評那些缺乏新意的作品是十分適當的。

混帳有來歷

　　從前，中國北方的蒙古族過著群居的游牧生活。為了尋找有水草的地方放牧，到處遊蕩。遇到有水草的地方，就架起蒙古包定居下來。白天，男人們去放牧，只留下老人或婦女看守帳篷。這個時候，在家的一些年輕小伙子為了找年輕姑娘談情說愛，就亂竄帳篷，混進年輕姑娘帳篷裡。有時候，年輕小伙子遇到嚴厲的老頭，老頭就會憤怒地罵一句：「你又混帳了！」「混帳東西又來了」。年輕小伙子自討沒趣，急忙退出帳篷。後來，「混帳」和「混帳東西」這句話逐漸變成一句責怪不明事理者的俗語。

黃色新聞的由來

　　為什麼將不健康的書刊和歌曲稱為「黃色」？據說在19世紀，美國有兩個報業資本家，一個叫做赫斯特，另一個叫做普拉茲。他們為了賺錢，就在他們所辦的報紙上競相登載低級趣味的連環圖畫，以招徠讀者。其中有一部《黃色孩童》，讀者就稱他們的報紙為黃色的報紙。

　　後來，人們把色情、兇殺、犯罪等新聞，稱為「黃色新聞」。靡靡之音的歌曲，稱為「黃色音樂」或「黃色歌曲」。

雜誌的由來

雜誌（Magazine）一詞，源自法文Magasin，本意是倉庫。

「雜誌」這個詞語第一次被用以稱為刊物，是1731年倫敦出版的《紳士雜誌》，後來正式被沿用為雜誌的通稱。最初，雜誌和報紙的形式差不多，非常容易混淆。後來，報紙逐漸趨向於刊載有時間性的新聞，雜誌專門刊載小說、遊記、娛樂性文章，在內容的區別上越來越明顯。在形式上，報紙的版面越來越大，為3～5英尺，對折；雜誌經由裝訂，加上封面，成為書的形式。此後，雜誌和報紙在人們的觀念中，具體地分開。

1704年，倫敦出版第一種介於報紙和雜誌之間的定期刊物，發行者是《魯賓遜漂流記》的作者丹尼爾‧笛福。刊物名叫《評論》，篇幅為4小頁，總共發行9年。

投降標誌的由來

人們通常把白旗認為是投降的標誌，其實從戰爭法規嚴格意義上說，白旗是要求暫時休戰的標誌。

早在遠古時期，交戰的雙方為向對方表示談判的誠意，往往借白色為象徵，於是逐漸形成慣例：白色旗幟代表要求休戰談判。當交戰的一方打出白旗時，對方就知道來意，下令停止一切進攻行動。持白旗的一方要派出軍使、號手、旗手、翻譯，到對方指揮部說明條件或意圖。從軍使展示白旗開始，直至回到本方所必需的時間為止，他享有不可侵犯的權利。以上這種慣例，幾千年一直沿續下來，至今未變。

趣聞雑談

日 本筷子節的由來

每年8月4日，是日本的筷子節。這一天，日本人要熱鬧地慶祝一番，以感謝筷子一日三餐「不知勞苦地為人類服務」。何以有此節？溯其本源，筷子原本叫做「箸」，唐朝時期由中國傳入日本。日本奈良時代（西元710～794年），筷子先在宮廷貴族之間使用，到了平安時代（西元794～1185年），才在民間流行起來。自那個時候開始，日本農民每逢播種、插秧、收穫、祝賀生日，總要換上新筷子，以表達自己的喜悅，久而久之，演變成筷子節。

日 本輪船上「丸」字的由來

在古代的日本，航海沒有指北針等指示方向的儀器。為了彌補這個不足，迷信的日本航海家在船頭上畫兩個大眼睛，以祈不致迷失航向。後來，為了簡便起見，就畫上兩個大圓圈，在圓圈後面寫上船名。逐漸地，圓圈也不畫了，代之以表示圓圈的象形文字「丸」。這個風俗一直沿襲至今。

十 字勳章的由來

所謂十字勳章，不一定都是十字形狀的。有些是在圓形、方形、菱形、多角形的徽章中，加上「十」字；有些甚至沒有「十」字圖案，也稱為十字勳章。十字勳章在西歐發行最為普遍。西方國家為什麼喜歡採用「十」字作為勳章或紀念章的符號？

有一些說法是：歐洲人大多信仰基督教，「十」字與耶穌的十字架有

關。還有一些說法是：「十」字是滿數的象徵，有圓滿和完滿之意。但是多數的說法是：中世紀時期，歐洲的統治者到處掠奪侵略，「十」字圖案表示橫跨東西和縱貫南北，統治者們以此來炫耀自己的力量，有一些霸道的意味。

當然，現在的十字勳章未必都有此意，只是繼承傳統而已。

自 由女神像的由來

世界著名的自由女神像，高305英尺，它作為美利堅合眾國的象徵，巍然屹立於紐約港。這尊雕像的塑造者，卻是法國人弗里德利·奧古斯特·巴特勒迪。

路易·拿破崙發動政變，推翻第二共和國的那一天，年輕的巴特勒迪在巴黎街頭，目睹一個令他終生難忘的景象：一位少女手拿火把，高喊「前進」，跳越過路障。路易·拿破崙的士兵朝著這位年輕的少女開槍射擊，那位少女應聲倒地身亡。從此以後，那位高拿火把的少女就成為他心目中爭取和平自由的象徵。

1865年，美國政府宣布要在1876年美國國慶日期間，舉行盛大的慶祝活動，慶祝建國100週年。巴特勒迪聽到這個消息以後，決定為美國人民雕塑一尊自由女神像。他選擇一位名叫珍妮的美麗少女為「自由女神」的模特兒，「自由女神」的臉孔則是請他的母親做模特兒。1875年，雕像初具雛形，這年11月，法國總統及美國駐法大使觀摩這尊雕像模型。在美國獨立100週年的紀念會上，巴特勒迪展出他的雕塑拿著火把的手臂。這隻手臂僅僅食指就有8英尺長、3英尺粗，美國觀眾看到以後，無不為之驚歎。此後，短短幾個星期時間，巴特勒迪在美國名噪一時，成為家喻戶曉的人物。回到巴黎，巴特勒迪著手將「自由女神」雕像運往紐約港，雕像的裝箱工作進行3個多月。1885年6月17日，「自由女神」抵達紐約

港，紐約港口的岸邊擠滿成千上萬的市民，人群歡聲雷動。1886年10月28日，美國政府在紐約港口舉行塑像揭幕儀式。美國總統克里夫蘭致辭以後，隨著雷鳴般的掌聲，巴特勒迪慢慢拉開巨大的法國國旗，「自由女神」向人們展露莊嚴肅穆的真容。

維納斯的由來

古希臘神話傳說中一位愛和美的女神，名叫阿芙蘿黛蒂，古羅馬稱為維納斯。維納斯有超人之美，優雅嫵媚，光彩照人，當她在時光女神和美惠女神陪同下，來到眾神住地——奧林帕斯聖山時，眾神皆驚羨不已，就連克洛諾斯之子宙斯也為之失神。宙斯追求她，遭到拒絕，一怒之下，將她嫁給火神赫菲斯托斯。火神既醜又跛，於是維納斯私下與戰神阿瑞斯產生愛慕之情。有一次，她與戰神私會，因為戰神的僕人貪睡，早晨沒有去叫醒他們，結果被太陽神發現。戰神十分生氣，把僕人變成公雞，讓牠每天司晨。

維納斯掌管人間的愛情與婚姻，維持人間愛情，懲罰無情者，她的金箭射中誰，誰就會產生愛情，就連不可征服的宙斯也會被金箭射中，燃燒凡人的情欲，對阿基諾爾國王的女兒歐羅巴產生強烈的愛戀之情。於是，宙斯決定用詭計實現自己的心願。他變成一頭黃色毛藍色眼睛的公牛，溫順地蹲伏在歐羅巴腳下，讓她騎在自己的背上。歐羅巴十分愜意，天真地騎上牛背，這頭公牛從地上躍起，像飛馬一樣跳進大海，朝向遠方游去。

兩天以後，公牛馱著歐羅巴來到克里特島。這個時候，宙斯又變成一個漂亮窮人，將歐羅巴佔有。歐羅巴從睡夢中醒來，感到十分惶恐和懊悔，欲求一死以結束生命。突然，她發現自己的身後閃射出一種迷人的光輝。回頭一看，原來是維納斯和她的兒子小愛神厄洛斯站在那裡。維納斯不僅可以促成人們的婚姻，而且可以破壞人們的婚姻，甚至可以藉由愛情

的力量挑起戰爭。

據傳，著名的特洛伊戰爭就是這位愛情女神挑起的。著名雕塑維納斯女神像，是1820年3～4月由希臘米洛農民伊奧爾斯拉科掘地時獲得，出土時兩臂俱全。由於當時法國艦艇拉歇弗萊特號船長居維爾與希臘商人以及英國方面為爭購雕像展開武力爭奪，混戰中雕像的雙臂被砸斷，雕像現在收藏在法國羅浮宮內。

聖餐的由來

聖餐，又稱為「神交聖禮」、「聖體聖事」、「聖體血」。在行聖餐的時候，主禮人要拿起餅和酒來祝聖，並且說：「這是我們的身體」、「這是我的血」，是為眾人免罪而捨棄和流出。於是，餅和酒就變成耶穌的肉和血。聖餐中使用的「聖體」，天主教堅持用無酵餅，東正教主張用有酵餅，新教認為兩種餅都可以用。

「聖餐」是根據「最後的晚餐」的故事而設立。

當年，耶穌向眾人宣講自己的主張，引起祭司貴族集團的仇恨。為了安全起見，耶穌白天在聖殿裡講道傳教，晚上帶著門徒們，到耶路撒冷城外的隱蔽處過夜。祭司們決心除掉耶穌，但是不敢白天在聖殿裡公開下手，害怕引起群眾騷亂，就用30塊銀幣買通12門徒之一的加略人猶大，讓他做內應，伺機逮捕耶穌。

耶穌察覺猶大的背叛活動，然而他認為這是上帝的安排，是他作為「受難的彌賽亞」必須走的道路。

4月6日（今星期四）晚上，耶穌和12門徒按照猶太人的傳統規定，共進紀念逾越節的晚餐，這就是著名的「最後的晚餐」。

吃飯的時候，耶穌安詳地對門徒們說：「你們之中，有一個人要出賣我。」這句話在門徒之間引起很大震動。耶穌對即將來臨的苦難泰然處

之，猶大則心懷鬼胎，知道耶穌發現他的陰謀，心中忐忑不安。其他門徒有些憤怒，有些懷疑，有些詢問，有些表白。著名畫家達文西正是抓住這個場面，創作不朽名畫——「最後的晚餐」。過了一會兒，耶穌對猶大說：「你所做的快做吧！」於是，猶大拿著錢袋出去了。耶穌拿起餅，祝謝以後，剝開分給門徒，並且說：「這是我的身體，為你們捨棄的。你們也應該如此做，為的是紀念我。」飯後，耶穌拿起杯子來祝謝，讓大家分著喝，然後說：「這杯是我用血所立的新約，是為你們流出來的。」

後來，教會根據這個故事，設立「聖餐」。

為什麼神父不能結婚？

天主教教會規定：不准神父結婚。主要原因有二：一是神父不結婚，象徵天國中那種天使般的自由愉快的生活；二是神父不結婚，就不會有家庭累贅以及後顧之憂，進而會有更多的時間和更大的心理自由。這些都是神職人員為做到完全為他人而活的最重要的先決條件。同時，這樣也有利於職務的調動，對於一個沒有家庭累贅以及後顧之憂的神父來說，他只要把原有的職務向新接任者交代清楚，就可以毫無牽掛地奔向新的工作。

這條教規在天主教中一直延續下來，儘管如此，神父之中不貞的現象還是存在的。

綠色軍裝的由來

軍裝的顏色必須與作戰的環境相適應，產生隱蔽自己的作用。根據這個原則，有些國家根據本國的自然色彩，把軍裝的顏色設計成草綠色或草黃色，也有些活動在沙漠地區的騎兵，把軍裝染成赤褐色，以便與沙土的顏色相似，產生隱蔽自己和迷惑敵人的作用。現在世界上大部分國家陸軍

軍裝的顏色都是綠色的。第一個把軍裝染成綠色的國家是英國，說起綠色軍裝的由來，英軍還有一段血的教訓。

18世紀以前，英國陸軍軍裝的顏色並非綠色，而是光彩奪目和漂亮耀眼的紅色，因為穿著紅色軍裝在平時很容易引人注目，所以英軍官兵為此感到很得意。18世紀末葉，隨著英國向海外掠奪的發展，英國士兵也被派往世界各地，執行掠奪的使命。有一次，他們在非洲南部與土著布林人打仗。戰爭的結果，擁有世界上最精良武器裝備的英軍，敗給手執原始弓箭和長矛，只有少數現代武器的布林人。原來，在戰鬥開始以後，英軍根本看不見布林人藏在什麼地方，因為布林人穿著草綠色衣服，躲在叢林中，根本無法發現。英軍火紅色的軍裝，在綠色叢林裡極為醒目耀眼，一下子就被布林人發現。布林人在暗處，英軍在明處，正所謂「明槍易躲，暗箭難防」。武器精良的英軍，慘敗於土著的布林人。英軍從這次慘敗中吸取教訓，從此將他們紅色的軍裝改成暗綠色。

甘露為何物？

封建社會的統治者，認為甘露是一種延年益壽的「聖藥」，「其凝如脂，其甘如飴」，服用以後可以使「不壽者八百年」。因此，帝王稱它「天酒」或「神漿」，夢寐求之。有一些帝王聽說降下甘露，立刻改變其年號，以甘露命名，例如：漢宣帝劉詢、前秦苻堅，都曾經以甘露做過年號。還有一些帝王，為了祈禱甘露下降，大興土木，例如：漢武帝在長安城外的建章宮內，建造一座高20丈、大七圍的承露盤。清代時期，乾隆皇帝建造一座銅仙承露盤，一尊銅仙塑像，立於4公尺高的石柱之上，手托銅盤，祈求上天賜露，如今這座承露盤還保存在北京。

其實，甘露並非「神靈之精，仁瑞之澤」，它只是蚜蟲的排泄物。

蚜蟲是附生在草木枝葉上的小蟲，全世界已經發現蚜蟲2000多種。

其中除了五倍子蚜蟲以外，都是莊稼的大敵。蚜蟲吸取植物的汁液，經過消化系統的作用，吸收其中的蛋白質和糖分，然後把多餘的糖分和水分排泄出來，灑在植物的枝葉上，有些「其凝如脂」，有些「皎瑩如雪」，這就是甘露。

最早揭穿所謂「天降」甘露，是明代學者杜鎬。他說：「……此多蟲之所，葉下必多露，味甘，乃是蟲之尿也。」

蚜蟲排泄的甘露，俗稱蚜蜜。根據化學化析，它含有較多的轉化糖、甘蔗糖、松子糖。其中碳水化合物佔70%左右，糖精佔20%以上，蛋白質佔3%，它確實具有一定的滋補作用，然而它絕對不是可治百病和延年益壽的「聖藥」，蚜蜜的危害作用也很大，它不僅會誘致菌類，使植物發生各種病害，還會招引昆蟲，糟踏莊稼的莖葉，造成歉收。

隨著時光流逝，實踐代替臆想，科學代替愚昧，甘露的本質終於被揭示出來。封建帝王把蚜蟲的一泡屎尿，當作天賜的神物，實屬荒唐。

注射器的由來

根據醫學史書記載，注射器出現的最初形態是灌腸器。中國漢代醫學家張仲景在《傷寒雜病論》（寫於西元219年）「陽明全篇」記載：「陽明病，自汗出，若發汗，小便自利者，此為津液內竭，雖硬不可攻之，當須自欲大便，宜蜜煎導而通之。若土瓜根及大豬膽汁，皆可為導。」在此書「豬膽汁方」一文中，又明確指出：「大豬膽一枚，瀉汁和陳醋少許，以灌穀道（肛門）內，如一食頃，當大便，出宿食惡物甚效。」如何「灌穀道」？他寫道：「以小竹管……內入穀道中。」這種小竹管就是灌腸器——注射器的雛形。

到了15世紀，歐洲進入文藝復興時期，隨著醫學科學的發展，醫學家們為了深入研究人體組織，紛紛進行屍體解剖。為解決屍體防腐問題，

義大利著名解剖學家歐斯達秋士等人先後將防腐劑經由「注射器」注入屍體血管裡。1851年，法國醫生普拉威茲製成一個金屬注射器。在同一時代裡，愛爾蘭醫生德林也用自己製造的金屬注射器給病人注射鎮痛劑。1896年，德國科學家路爾製成第一個玻璃注射器以後，它才廣泛地應用到臨床上。

警告怎麼都用黃牌？

在足球比賽中，裁判經常對嚴重犯規的運動員出示黃牌警告，稍微留心一下就會發現，其他一些體育比賽也有「黃牌警告」，甚至連公路上表示急轉彎和陡坡的標誌也是黃色。不同的場合都選用黃色作為警告色，這是標準化的具體表現。後來，國際標準化組織根據各種顏色對心理的影響，規定四種安全色：紅色表示禁止、停火、防火，藍色表示指令和必須遵守的規定，黃色表示警告和注意，綠色表示安全狀態和通行。

太空廣告

我們見過各種形式的廣告，但是你聽過太空廣告嗎？現在有人要將廣告做到太空上。

美國一家太空廣告公司計畫把巨幅廣告牌送上太空。根據介紹，圍繞地球運轉的這顆氣球狀太空廣告衛星，可以把商業資訊帶給上億人。它有1.6公里長，1.3公里高。把它送上太空之後，你只要抬頭往天上看，就會發現一個以時速28967公里行進的太空廣告牌。

這個計畫引起許多人的反感。他們認為，太空中的人造物已經太多。天文學家認為這種太空廣告牌在地球和我們要觀察的星球之間又加上一層人工的障礙，進而影響到天文學的研究工作。據說，這個太空廣告衛星反

射出來的光和月光一樣亮，會影響天文學家們觀察光線比較弱的星球，因為這些星球需要在沒有月光的情況下觀察。這個太空廣告衛星其實是一個氣球，它折射陽光的面積可以達到月亮一樣的面積，其光線強度也與月亮差不多。由於它的位置處於比較低的地球軌道上，人們在日落之後和日出之前都可以看見它。如果把它送上高一層的地球軌道，地球上的人就有更多時間可以看到這種太空廣告。

 孕環的由來

很久以前，在沙漠唯一的交通工具是駱駝，商人們靠駱駝馱著沉重貨物，長途跋涉。但是有時候，母駱駝在途中經常由於懷孕而耽誤運輸。於是，他們想出一個巧妙的辦法，用一些小的圓形石塊，放進母駱駝的子宮腔內，這樣一來，母駱駝就不會懷孕。

1928年，日本人用軟骨片移植到母兔的子宮壁上，得到不孕的效果。後來，歐洲開始採用蠶腸絲環放入婦女子宮腔避孕，這就是現代避孕環的雛型。

● 造血液

儘管每年自願捐血的人很多，但是血液還是無法滿足我們的需要。人造血液的出現，將會抒解這個困難。

人造血液是一種有血液的某些功能的氟化碳化合物，因為是白色的，所以也有人稱其為白色血液。1965年，美國一位醫學博士發現，氟化碳化合物具有血液所具備的某些功能，例如：具有強烈的與氧進行可逆性結合並且釋放氧的能力，以及運載二氧化碳的能力。其後20多年以來，醫學界和工業界通力合作，試製許多氟化碳化合物。在大量的動物試驗中，

發現使用人造血液不會引起嚴重的急性中毒、致癌、致畸形、致變異等反應。人們將實驗鼠本身的血液抽掉，然後以人造血液代替真正血液輸入實驗鼠體內，兩三天內，血液中運載氧的能力升高到生理需要的程度，血液中的細胞成分和血漿成分在1～2週以後也恢復正常。人造血液已經開始應用於臨床，但是主要應用於肺功能基本健全的出血病人，日本和美國都有使用人造血液救活出血病人成功的報導。

人造血液應用於臨床，不必擔心氟化碳化合物殘留在體內，它會完全排出體外，同時吸入的高濃度的氧對身體也不會產生危害。但是在運送養分和消滅侵入人體的細菌方面，還比不上天然血液的效能，科學家們正在研究解決這些問題。

 造骨

人造骨是以人工方式製造出來的骨間材料或材質，它可以用來代替因為意外事故或疾病而損壞的骨間。

人造骨具有對人體無害、容易適應人體生理環境、不容易變質等特點。人造骨有各式各樣的，例如：手指骨、腿關節、膝關節。

最早使用人造骨是在1940年，當時所用的材質是鈷鉻鉬合金，它既堅硬又容易加工，缺點是它的磨損率高，磨損產生的大量粉末對人體有害，而且它的重量過重。後來，塑膠人骨問世，它比鈷鉻鉬合金的重量減輕許多，但是鈷鉻鉬合金的其他缺點，它卻仍然保留著。

現在人們使用的人造骨是用礬土陶瓷製作，除了具有堅硬度高、耐酸鹼、容易加工等優點以外，還有一個優點，就是植入人造骨時，不需要骨填料。以前的合金人造骨，必須將人骨與該部與人骨之間的隙縫，用填料彌補。骨填料有一定的毒性，而且長期使用以後，填料溶化，人造骨所插入的部位就會鬆開。礬土陶瓷與其他人骨適應程度良好，經過長期使用以

後，反而黏接得更緊密，因此不需要填料。但是礬土陶瓷也有缺點，就是如果產生裂痕，就會不斷擴大，進而影響人造骨的強度。

為了克服這個缺點，人們正在研究，用磷灰石加鍍在礬土陶瓷表面，因為磷灰石具有用化學方法可以與骨間結合，成為骨頭一部分的優點。人們希望把這兩種材料複合在一起，發揮它們各自的長處，使人造骨更加趨於完美。

鯉魚真的沒有牙齒嗎？

如果你餵過鯉魚，就會發現鯉魚的嘴是圓的。在牠的嘴裡，根本看不到牙齒。

可是，鯉魚非常喜歡吃田螺和貝殼一類的食物。如果用這些食物餵牠，牠就會不斷地從口中吐出一些嚼碎的貝殼。

牠到底是在什麼地方把這些食物咬碎？原來，在牠的喉嚨處，長著許多牙齒。像這樣長在喉嚨處的牙齒，叫做咽頭齒。除了鯉魚以外，還有很多魚也有咽頭齒。

針灸傳奇

原始社會，無醫無藥，人們遇到病痛，偶然以小石片刺壓，竟然取得意外的效果。這就是最早的砭石、箴（針）石，後來發展為骨針、竹針、陶針、銅針、鐵針、銀針。

根據《史記》記載，西元前500年，即春秋戰國時期，中國名醫扁鵲有一次去虢國，只見滿城悲戚舉國哀喪，原來是太子突然病故。他進宮一看，太子所罹患的是「屍厥症」（類似假死），急忙針刺三陽五會，沒過

多久，太子就慢慢甦醒過來。

三國時期，曹操罹患頑固性「頭風」，每次發作，抱頭痛吟，雖然曉諭天下，遍嘗百藥而不能治。後來請華佗延醫，取針灸治療，驟獲神功。

宋朝仁宗皇帝病危，百官手足失措，百醫無策。一位叫做許希的醫生，「針心下包絡之間」，群臣大驚而帝癒。

可是到了清朝，宣稱「針刺、火灸，實非奉君之所宜」。並且於1822年下令太醫院停止針灸和取消對醫家的針灸考試。日本曾經在1868年推行明治維新，在主張西化的浪潮下，對針灸頗為冷落。只是針灸在日本國民中紮根已深，政府未能完全禁絕。

1900年，法國駐華領事粟理把針灸介紹給法國人民。後來，他乾脆辭掉官職，一心學習和鑽研中國針灸，並且發表許多研究論文和專著，在歐洲有廣泛的影響。

英國人傾向保守，直到20世紀60年代，劍橋大學醫學博士菲利克斯·曼恩發現針刺的神奇療效以後，急忙趕到維也納、巴黎、東京、北京，考察和學習以及竭力推廣針灸。

為 什麼打針以前要把藥水射掉一點？

護士給病人打針以前，總是先把針筒裡的藥水射掉一點，這只是習慣嗎？當然不是。為什麼要浪費這一點藥水？因為，這是打針的一種安全措施，是為了防止空氣隨著藥水一起打進血管裡，進而產生堵塞。

通常，藥水只在射入皮下的組織細胞中，經過一定的物質交換以後，進入血管流遍全身，產生治療的作用。在這種情況下，如果空氣趁機跑進藥水進入身體裡，你最多會感到有些脹痛，不會產生其他不良的影響。可是密密麻麻的血管猶如一張蜘蛛網分布在皮膚下，特別是那些細小的微血管，經常看不清楚。因此，護士打針的時候，難免把針頭插進血管裡。這

個時候，如果針筒裡漏進空氣，細小的氣泡就會隨著血液流向全身各處，當流經大的血管時，因為血管相對比較粗，氣泡可以順利通過，可是到細小血管處，氣泡就會擠不過來，像一個塞子一樣堵在血管裡。血液流通發生障礙，氧氣和養分就無法及時運送到相應的組織細胞中，廢氣和廢物也無法及時排除而產生不良後果。醫學上，通常把這種血液流通發生障礙的情況稱為「栓塞」。

你會問：不讓空氣隨著藥水進入血管裡不就可以嗎？是的，護士在取藥水之前先要把針筒抽空。可是，在調整藥量時，針頭難免會露在瓶口與空氣接觸，這麼一個短暫的接觸，空氣就會無孔不入。因此，為了安全起見，在取完藥水以後，護士總是會輕輕地推動針管。當藥水從針管裡射出來時，說明空氣已經被排盡。這樣一來，在打針的時候，即使扎破微血管，也不會出現不良後果。

糖衣藥片的顏色「密碼」

中國苦藥上的糖衣，其顏色是無毒食用色素製成，根據不同藥性選用不同顏色。

抗菌和消炎藥物的糖衣為黃色，鎮痛、鎮靜、降壓類藥物的糖衣為藍色或綠色，滋補類藥物的糖衣為紅色或咖啡色，止咳化痰類藥物的糖衣為白色。

六神丸如何研製成功？

有一則古老的六神丸的傳說。古時候，廣西梧州有一個醫師叫做王老四，他研製的一種藥物治療喉疾十分靈驗，人們稱它為「神丸」。

王老四有六個兒子，他臨終之前，擔心自己死後兒子們鬧分家，於是

先後將六個兒子叫來，每人分別授給一個藥方。只有將六個藥方合起來，才可以製成「神丸」。

從此以後，人們就稱這種「神丸」為「六神丸」。

夜 明珠黑夜發光的原因

「夜明珠」的發光現象，與礦物中電子的移動有關，它與礦物含有某些元素雜質以及晶體缺陷的關係更大。當能量（例如：光能）作用於某些雜質元素，其中一部分電子被「激發」從低能帶躍入高能帶，當電子從高能帶再返回低能帶時，就將獲得的能量以可見光的形式釋放出來，進而形成「夜明珠」。

諾 貝爾獎為何沒有設立數學獎？

數學是「科學女皇」的騎士，卻得不到每年由瑞典皇家科學院頒發的諾貝爾獎金。過去沒有得到，將來也不會得到。因為，在諾貝爾留下的遺囑中，沒有提到設立數學獎。

但是事實上，在遺囑的第一稿中，曾經提出要設立這個獎項，為什麼後來又取消？有以下兩種說法。

第一種是在法國和美國流行的說法：由於瑞典著名數學家米塔格‧勒弗列爾（俄國彼得堡科學院外籍院士，後來為蘇聯科學院外籍院士）曾經追求過諾貝爾的女友，而且不無進展，於是遭到諾貝爾對他本人以及他所從事的科學進行的這種特別的報復。

另一種在瑞典流行的說法是：在諾貝爾立下遺囑期間，瑞典最有名望的數學家就是米塔格‧勒弗列爾。諾貝爾很明白，如果設立數學獎，這項

獎金在當時就會授予這位數學家，但是諾貝爾很不喜歡他。

約翰‧菲爾茲是第一個提出要改變長期沒有國際數學獎情況的加拿大數學家。在他擔任國際數學家大會組織委員會主席期間，於1932年提出設立數學優秀發現國際獎。當時，為了強調這個獎項的國際性，決定不以過去任何一個偉大數學家的名字命名。

1932年，在蘇黎世召開的國際數學家大會通過菲爾茲的提議，但是菲爾茲在大會開會之前一個月去世。為了紀念他的功績，大會決定以他的名字命名這個數學獎項。與諾貝爾獎不同的是，這個獎項每隔四年只授予年齡在40歲以下的數學家，獎金為15000加拿大元。雖然不能與諾貝爾獎金相比，但是獲獎人是在過去四年以內被公認的優秀數學家。

1982年，又設立以芬蘭著名數學家及芬蘭大學校長涅瓦林納命名的數學獎項。這個獎項專門授予在資訊理論方面取得優秀成果的青年數學家，獎金為5000瑞士法郎。

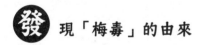 現「梅毒」的由來

梅毒（舊稱楊梅瘡），是一種主要經由性交傳播的疾病。

梅毒的發現源於歐洲。1492年8月，哥倫布率領87名水手，分別搭乘3艘海船從西班牙出發，開始震驚世界的環球航行。他們橫渡大西洋，到達現在的古巴和海地等島。在海地島，由於天氣惡劣，他們不得不逗留42天。這個期間，水手們每日登岸，搶掠島民，姦淫婦女。不料，其中許多人染上當地土著人的一種地方疾病。至第二年五月船隊回西班牙時，船員中罹患此病者已達50%以上。後來，這種疾病經由他們傳播而蔓延。這個時候，歐洲的醫生才發現這種怪病。

起初，此病名稱在各國不盡相同。到1496年，歐洲幾乎沒有一個城市不遭受此病侵襲。當時，在法國等國，此病被叫做「法蘭西痘」，正式

出現「梅毒」這個名稱是在1530年。當時，義大利詩人和物理學家弗拉卡斯托羅寫下一首敘事詩，詩中的主角西菲利斯是一個感染此病的悲慘人物。由於這首詩流傳很廣，所以主角的名字成為「法蘭西痘」的代名詞，學術界最終以「西菲利斯」來命名這種怪病。「西菲利斯」被譯成中文，就是「梅毒」。

人體身上的有趣尺寸

1. 腳底的長度剛好是拳頭的周長。

2. 鼻尖到耳根的距離，等於眉毛到下巴的距離。

3. 脖子的周長等於兩個手腕的周長。

4. 兩臂平伸的長度等於身高的長度。

5. 七個腳底長度等於身高。

6. 胸圍的長度等於身高的一半。

7. 人類的正常體重等於身高（公分）減一百。

8. 人類的心臟大小相當自己的拳頭大小。

9. 大拇指的兩周半等於手腕周長。

10. 頸部的兩周等於腰部周長。

11. 雙肩的寬等於頭高的二倍。

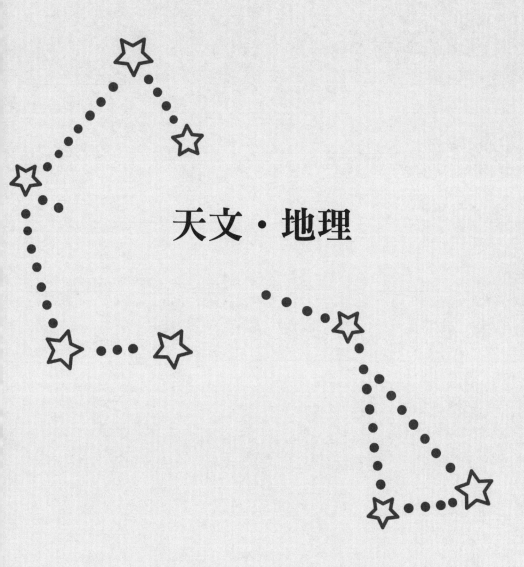

天文・地理

最冷的地方

最冷的地方是什麼模樣？鼻孔也會凍僵，眼淚掉下來就成為冰珠，手足麻木。蘇聯在南極的沃斯托克站保持世界最冷記錄，華氏零下128.6度。

西伯利亞處於冷極中，一月的平均溫度是華氏零下59度。一位作家描繪說：呼出的氣冰凍了，落下白色的粉末。

最熱的地方

利比亞的阿齊濟耶創下最高氣溫紀錄：華氏136.4度。西半球的死谷也是熱死人的地方，一次連續六星期暴熱，氣溫高達華氏120度。

經緯度線的來歷

為了精確地顯示各地在地球上的位置，人們在地球表面假設一個坐標系，這就是經緯度線。最初的經緯度線是怎麼產生的？又是如何測定的？西元前344年，亞歷山大渡海南侵，繼而東征，隨軍地理學家第凱爾庫斯沿途收集資料，第一次在地圖上劃出一條緯度線。這條線從直布羅陀海峽開始，沿著托魯斯和喜馬拉雅山脈，一直到太平洋。

亞歷山大帝國曇花一現，不久以後就瓦解。但是以亞歷山大為名的那座埃及城裡，有一位博學多才並且精通數學、天文、地理的圖書館館長埃拉托斯特尼，計算出地球圓周是46250公里，畫出一張有7條經度線和6條緯度線的世界地圖。

西元120年，克勞狄烏斯‧托勒密繪製一幅著名的「托勒密地圖」，但是經過反覆考證，卻發現這幅地圖不實用。

正確地測定經緯度，關鍵需要有「標準鐘」。18世紀，英國約克郡有一位鐘錶匠哈里森，他花費42年時間，連續製造5台計時器，一台比一台精確和完美，精確度也越來越高，第5台只有懷錶那樣大小。測定經度時引起的誤差，只有1/3英里。幾乎同時，法國製鐘匠皮埃爾‧勒‧魯瓦設計製造的一種海上計時器也投入使用。至此，海上測定經度的問題，終於初步得到解決。

九州的由來

「月兒彎彎照九州，幾家歡樂幾家愁。」在民歌和民謠中，經常有九州之說，九州到底指哪些地方？根據《禹貢》記載：夏朝時期的九州是冀州、兗州、青州、徐州、揚州、荊州、豫州、梁州、雍州。《周禮》記載：西周時期，多出幽州和並州，缺少徐州和梁州，還是九州。可見，九州之說是春秋戰國以前的行政區劃，這種古代的稱呼，一直流傳至今，用九州來代表中國疆域。其實，自秦代以後，中國的行政區劃多有變動，秦初設郡縣，漢朝實行郡國並置。南北朝時期，州的數字大增，合計有208州。唐宋時期，全國行政區劃是道。從元朝以後實施行省制，道和省所轄範圍內，有些城市繼續稱為州。在中國的30個省（區、市）中，稱為州的城市名，省會一級的有廣州、福州、杭州、鄭州、蘭州，其他市縣稱為州的更多。

長江名稱的由來

長江，是中國第一大河，也是亞洲第一大河，世界第三大河。「長

江」之名，源於長江之長的特點。長江上源沱沱河出青海省西南邊境的唐古拉山脈主峰格拉丹東雪山西南側的冰川中，流經青海、西藏、四川、雲南、湖北、湖南、江西、安徽、江蘇、上海等10省、市、自治區，沿程注入雅礱江、岷江、沱江、嘉陵江、烏江、湘江、漢江、贛江、青戈江、黃浦江等18條重要支河和千溪百川，最後流入東海，全長6300公里，流域面積1807199平方公里，大約佔中國總面積的五分之一，在世界上僅次於南美洲的亞馬遜河和非洲的尼羅河。「長江」即以其源遠流長而得名。

黃 河名稱的由來

黃河，是中國第二大河，上源卡日曲出青海省巴顏喀拉山脈各姿各雅山麓，流經四川、甘肅、寧夏、內蒙古、陝西、山西、河南等省區，在山東省北部入渤海，全長5464公里。黃河是中華民族的搖籃，因其河水顏色渾黃而得名。《尚書・禹貢》記載：「導河積石，至於龍門。」指的就是黃河。戰國末期稱其為濁河，西漢初年始稱「黃河」，《漢書》有「使黃河如帶，泰山若厲」的記述，但是仍然未被普遍採用。直到宋代，這個名稱才被廣泛使用。

最 長的植物

最長的植物是一種攀援植物，叫做白藤。它和庭園中經常種植的棕櫚同是棕櫚科學族的成員。它生長在熱帶密林中，中國海南島也有生長。它的莖特別長，而且很纖細，可以說是植物王國中的「瘦長個子」。莖直徑只有5公釐，長一般達300公尺，最長的可達500公尺。

白藤細長的「身軀」是怎樣生長的？原來，白藤莖的頂端，長著一束束羽狀的葉子，莖梢又長又結實，彷彿一條特長的鞭子。莖梢上長著又

大又尖的鉤刺，彎向下面，葉子和莖的上部也長滿鉤刺。白藤傍依大樹生長，「帶刺的長鞭子」一碰到樹幹，就緊緊地「擁抱」，不久以後，就長出一束新葉。接著，就順著樹幹，向上攀援，下面的老葉陸續凋落，一邊生長一邊落葉。就這樣，它越長越長，一束束的綠葉卻始終長在莖梢上。

白藤攀援大樹向上生長，就算長到樹頂，也不會有四五百公尺長，因為世界上還沒有四五百公尺高的樹。那是怎麼回事？原來，白藤有一個「絕技」，它爬到樹頂以後，還是繼續不斷地生長，以大樹作為支柱，使長莖向下墮，沿著樹幹盤旋纏繞，形成許多怪圈，人們給它取一個綽號叫做「鬼索」。當莖梢下墮到比樹頂低的時候，又會向上爬，爬爬墮墮，爬爬墮墮，使它成為世界上最長的植物。

白藤是一種特殊的經濟植物，是藤製傢俱原料，例如：藤製的坐椅和睡椅，藤製的床和桌子，比竹製傢俱更牢固而美觀。白藤的「兄弟」省藤，也是長達三四百公尺的藤本植物，也有和白藤一樣的經濟價值。

為什麼樹要落葉？

每逢冬天來臨氣溫變低時，樹葉的生理活動就開始衰退，從樹根吸收上來的水分也越來越少，所以把現在作用已經不大的葉子拋棄，只留身披厚厚樹皮的樹幹和樹枝，度過嚴酷難熬的寒冬，對樹來說，也不失為上策。

此外，落葉還有一個更重要的作用。

從人類到阿米巴蟲，動物的體內都有排泄廢物的器官，可是植物卻沒有排泄器官，那些如果進入體內或是在體內生存的物體，只有氧氣、二氧化碳、水蒸氣等氣體會被拋棄，其他的廢棄物全部留在樹葉的細胞中，全靠一年一次的落葉將其一次清理。從這一點來說，樹葉是樹木的排泄物。

雖然落葉會引起人類的惆悵情感，很多詩人也用其生花妙筆對此進行

無數描述，留下許多千古絕句，但是對樹來說，落葉就像沐浴中洗掉塵垢一般，真是爽快！

最 原始的哺乳動物

現今世界上哺乳動物總共有三大類群：單孔類、有袋類、有胎盤類。其中與爬行動物相關聯的是有「活化石」之稱的單孔類，僅存的代表——鴨嘴獸和針鼴。牠們雖然屬於哺乳動物，卻與爬行動物一樣是卵生的，生殖和排泄都是經由唯一的「泄殖腔」，所以稱為單孔類。此外，牠們的四肢健壯，向外側延伸，行走匍匐前進，腹部經常貼著地面，模樣很像爬行動物。這些反映哺乳動物與爬行動物之間的親緣關係，但是牠們也具有哺乳動物的特徵，例如：有乳腺，以乳汁哺育幼獸，體表有毛。所以，鴨嘴獸和針鼴是最原始的哺乳動物。

鴨嘴獸是澳洲的特產動物，這種動物全身密布濃褐色的短毛，以往捕取其皮毛，現在受到法律保護。牠的嘴巴的外形極似鴨嘴，故名鴨嘴獸，但是牠的嘴卻非常柔軟而且具有彈性，並且遍布神經感受器，因此觸覺異常靈敏。前後肢的各趾上均有爪，趾間有蹼，游泳的時候作為「槳」用。其尾巴扁平而寬闊，幾乎為體寬的三分之二，游泳的時候當作「舵」用。鴨嘴獸生活在沒有污染的溪流和湖泊中，所以可作為一種監測環境的「指示動物」。牠經常在早晨或黃昏的時候，啄食甲殼動物、蚯蚓、蛙類、水生昆蟲，其他時間在洞穴裡休息。

針鼴大多產於澳洲，生活在有森林的小山、砂質平原、岩石地區，牠的外形很像刺蝟，但是比刺蝟大幾倍，全身長滿長短不一而中空的棘刺。

牠的身體呈暗褐色，耳和眼很小，嘴巴很長，鼻孔長在嘴前端的兩側。牠的口部極小，上下頜沒有牙齒，舌頭很長。有一種長吻針鼴，舌長可達270公釐，幾乎等於其體長，可以分泌大量黏液，專吃各種蟻類。當

牠找到蟻穴以後，舌頭直插進去，吃螞蟻和其他小昆蟲，所以是一種森林益獸。

還有一種新幾內亞的鼹，叫做原鼹。牠與上述的針鼹不同的地方是：前後肢五趾中三趾極大，其他二趾極小，嘴巴特長而向下彎曲，耳殼發達。

世界上最長壽的葉子

植物界有落葉植物和常綠植物之分。一般所說的常綠植物，它的葉子幾年以後還是會凋落。「真正」的常綠植物只有一例，名叫百歲蘭。它的葉子有三公尺長，幾乎可以活一百年而不枯萎，可以說是世界上最長壽的葉子。

百歲蘭的莖很短，不到二十公分，可是很粗，周長有四公尺。又寬又長的帶狀葉子，好像大皮帶一樣，波浪式地躺在地面上。它的葉子是從莖部長出來，對生，末端散成細縷狀。百歲蘭是屬於裸子植物門買麻藤科的植物，它是奧地利探險家韋爾維茲發現的。1853年，韋爾維茲到葡萄牙的非洲殖民地安哥拉去研究沙漠地區的野生植物時，在這裡多石的喀拉哈里地區發現這種當時誰也不知道的植物，當地居民把它叫做「都姆巴」。

最大的爬行動物

灣鱷是鱷類中唯一可以生活在海水中的種類。牠廣布於東南亞、新幾內亞、菲律賓，以及澳洲北部的熱帶和亞熱帶地區，棲息在沿海港灣及直通外海的江河湖沼中，所以又稱為鹹水鱷。

中國遠在唐宋以前，南方的廣西、廣東、福建、台灣等沿海港灣和內陸河流中，也有許多灣鱷，後來由於自然條件變遷，數量逐漸減少，至20

世紀初期已經不復存在。

灣鱷身軀巨大，可以長到5～6公尺，1噸重，並且可以活到一百多歲。灣鱷最長的紀錄是10公尺！這是根據保存在英國自然歷史博物館中的一個巨大頭骨標本推算出來的。該頭骨為1840年在孟加拉灣捕獲的一條鱷魚，可惜當時未記錄牠的尺寸。

灣鱷捕食各種動物，小的例如：魚、蟹、螺、蚌，大的例如：雞、鴨、犬、羊、豬、馬、牛。比較奇怪的是，牠也吞吃同種幼鱷。灣鱷還會傷害兒童和成人，因此有些地方又把牠稱為「食人鱷」。每條鱷的胃裡，至少有一把石子，藉以幫助消化食物。灣鱷最大的經濟價值是利用其皮製革，是世界珍貴的皮革之一。泰國飼養鱷魚看來是成功的，牠們既可以供觀賞，又可以提供珍貴皮革。據說，好的鱷魚皮每公分價值0.8英鎊。

螞蟻趣聞

螞蟻種類繁多，西元1900年的時候，人們知道的螞蟻種類只有1250種，現在已經增至1.5萬多種。

兵蟻好吃懶做，卻英勇善戰，牠們的齶骨特別發達，所以被稱為巨頭武士。

有一種螞蟻非常喜歡吃花蜜，經常吃得肚子滾圓。其他螞蟻肚子餓了，就跑來搔動牠的觸角，牠會毫不吝嗇地吐出一些蜜汁，讓牠們分享，這簡直是螞蟻的食堂。

在螞蟻的王國中，工蟻是最辛苦的，牠們身兼數職，既是保姆和廚師，又是建築工人和清潔員。幼蟻孵出以後，工蟻不僅要餵牠吃食，而且要為牠洗澡。天氣晴朗時，要把牠們拖到巢外曬太陽。晚上下露水時，又要把牠們拖到巢的下層，以免被露水淹死。工蟻對螞蟻的下一代真是關懷備至。

更有趣的是，黃蟻用搬家的方法來應付天氣變化。人們觀察牠們搬家的方向是搬向高處還是低處，就可以知道最近幾天的天氣。一般說來，如果黃蟻往高處搬家，就表示雨量大，反之則雨量就小。如果是由東向西搬，下雨的時候將是刮東風；由南向北搬，大多是刮南風。對人們預測氣候，具有參考作用。

為什麼古希臘雕塑都是裸體藝術？

大約在3000年以前，愛琴海一帶出現無數城邦，城邦的公民都擁有奴隸。當時生活很簡單，對悠閒的公民來說，只有兩大職責：公共事務和戰爭。那個時候，戰爭全憑肉搏，因此每個士兵都要鍛鍊身體，越強壯越矯健越好。年輕人大半時間都在練習場上，裸身角鬥、跳躍、拳擊、賽跑、擲鐵餅，把赤露的肌肉練得又強壯又結實，這就是希臘的特殊教育。所以，在希臘人眼中，理想的人物是身手矯捷、發育良好、比例勻稱、擅長各種運動的人體。希臘人以美麗的人體為模範，於是具有美麗胴體的人都成為偶像英雄。基於這種思想，雕塑裸體雕像就成為當時藝術主流。

獨一無二的跨洲名城

土耳其是一個地跨亞歐兩洲的國家，它還有一個舉世無雙的跨洲名城——伊斯坦堡。作為亞歐兩洲分界線的博斯普魯斯海峽在該城中間通過，市區沿著海峽兩側和馬摩拉海濱伸展長達40公里。海峽西岸的歐洲部分，被一條伸入內地的狹長海灣（金角灣）分為兩個區，北為貝約盧區，南為舊城區。全市總面積大約220平方公里。伊斯坦堡有「千年故都」之稱，原名拜占庭，始建於西元前660年，即最古老的舊城區。從西元330年開始，它成為羅馬帝國以及其後的拜占庭帝國的都城，改名君士坦丁

堡，達1000多年之久。1453年以後，土耳其人建立的奧斯曼帝國也長期建都於此，並且開始稱為伊斯坦堡。直到1923年土耳其成立共和國，才把首都遷到安卡拉。1000多年的都城歷史，給它留下豐富多彩的文物古蹟。這裡到處可見古代的宮殿和城堡，許多莊嚴肅穆的伊斯蘭清真寺，一派古色古香的風采。如今，千年古城又添新貌。伊斯坦堡已經是擁有360萬人口的土耳其第一大城，也是全國最大的工業和文化中心與商港。金角灣頭的工廠，城郊的高速公路，新建的高樓大廈，繁華商業區的店鋪，都說明伊斯坦堡正在迅速發展之中。

伊斯坦堡控制出入黑海的門戶，正扼歐亞陸上交通要衝，海峽兩岸有鐵路和公路分別通向歐亞各地。1973年10月，一座橫跨海峽長1560公尺的公路大橋建成通車，方便原先依靠輪渡的歐亞兩洲之間的交通。

世紀的由來

「世紀」一詞來自於拉丁文，意思是100年。現在人們已經把世紀作為計年單位，即每100年為一個世紀。

從耶穌誕生的那一年開始，西元1年至100年為第1世紀，稱為西元1世紀；101年至200年為第二世紀，稱為西元2世紀。我們所處的西元21世紀是指2001年至2100年這100年時間。相反的，從西元元年的前一年往前推算，也以100年為一個世紀，稱為西元前多少世紀。例如，中國西周王朝建立的年代是在西元元年以前的1000年，就可以說它建立於西元前11世紀。

關於上述對世紀起止年代的說法，在世界範圍內是比較傳統的觀點，一些權威人士也著文同意上述說法，人們稱這個定義「世紀」從「1」起「0」結尾「1」再起的派別為「101」派。這一派觀點的核心是：根本沒有紀元0年的說法，而且10是1～10這個數列裡，20是在11～20這個數

列裡，例如：1900應該是在1891～1900這個數列裡。

與「101派」觀點截然不同的是「00派」，「00派」主張逢百（逢00）就是新紀元的開始，例如：1900年就是20世紀的開始，2000年就是21世紀的開始。「101派」與「00派」兩種論點的爭論由來已久，1900年伊始，那些認定1900年1月1日是新世紀開始的報刊，紛紛發表社論宣布新世紀的到來。另一些報刊則在一年之後的1901年1月1日，大張旗鼓地宣告新世紀的誕生。

領空到底有多高？

以前各國都沒有考慮領空有多高的問題，只籠統地認為本國領空不容他國侵犯。實際上，領空到底是否被侵犯，有時候連自己也不知道。1992年9月，美國兩架飛機未經安地卡及巴布達政府允許，在其2萬公尺上空為加勒比地區救災專案執行攝影任務。限於技術問題，安地卡及巴布達政府根本不知道，當然也沒有任何表示。直到飛機因為惡劣天氣而降到200公尺高度，地面聽到飛機響聲，安地卡及巴布達政府才向美國提出抗議。

1957年，第一個人造衛星神氣地在許多國家的上空飛過時，各國政府無奈地接受這個現實，於是對領空有一個新的分法，即外太空和空氣空間。外太空歸大家所有，衛星喜歡怎麼轉就怎麼轉；空氣空間則屬於各國領空，其他國家不得侵犯。外太空與空氣空間的界限在哪裡，各國說法不一。一般認為，飛機可以飛到的極限高度應該算在領空高度之內。至於這個高度再往上還算不算領空，似乎要等到新的航空器問世才可以確定。無論各國怎麼規定，有一點是明確的，那就是：一個國家的航空器如果讓別人發現，就要被指控為侵犯主權。

這一國與那一國的事

西方國王同名怎麼辦？

與中國人的名字經常出現同名一樣，西方人的名字也是經常出現同名。一般人同名影響不大，上層統治者和國王同名經常會造成重大混亂。為了以示區別，就在同名者的名字後面按照歷史先後依次列加第幾或幾世。例如：神聖羅馬帝國有一個名叫腓特烈的皇帝，他的兒子名叫亨利。亨利當上皇帝，因為前面已經有五個皇帝名叫亨利，所以腓特烈的兒子就被稱為亨利第六或亨利六世。亨利六世的兒子又取名為腓特烈，與其祖父同名，小腓特烈後來當上皇帝就是腓特烈第二或腓特烈二世，他的祖父是腓特烈第一或腓特烈一世。可見，西方國王名字後面的第幾或幾世，不是世代父子相傳，而是歷史上先後同名者的區分。

國徽趣話

國徽是一個國家的象徵，許多國家的國徽都反映本國的地理概貌和經濟特點，以及主要自然資源。

孟加拉：因為盛產黃麻，所以國徽頂端繪有相連的三片黃麻葉圖案。

尼泊爾：素稱「高山之國」，所以在國徽上繪有險峻的山峰圖案。

澳洲：國徽以該國兩種特有的動物圖像所組成：左邊是袋鼠，右邊是鴯鶓。

紐西蘭：視奇異鳥為珍禽，故在國徽上以幾對奇異鳥圖像作為象徵。

瓜地馬拉：因為格查爾鳥在該國被稱為「自由之鳥」，所以在國徽上繪有一隻格查爾鳥圖像。

巴布亞紐幾內亞：國徽上繪有極樂鳥圖像，因為極樂鳥在該國人民心目中是和平、自由、幸福的象徵。

墨西哥：國徽上繪有仙人掌圖案，因為該國號稱「仙人掌之國」。

智利：國徽上繪有一簇野百合花圖案，因為它是該國人民酷愛自由獨立的象徵。

羅馬尼亞：因為石油在該國國民經濟中的地位十分重要，所以在國徽上繪有石油井的圖案。

波蘭：國徽圖案中有一隻美人魚，因為該國人民崇拜傳說中的華沙美人魚，將其視為愛國的象徵。

國慶日趣聞

國慶日是一個國家最重要的紀念日之一。然而，世界各國國慶日的名稱各不相同，日本稱為「天長節」，波蘭稱為「復興節」，紐西蘭稱為「懷唐伊日」，利比亞稱為「革命節」，羅馬尼亞和匈牙利稱為「解放日」，有些直接以國名加上「日」，例如：「澳洲日」、「巴基斯坦日」，有些稱為獨立日（節）、共和（國）日、自由日、民主日、憲法日……

每個國家是根據什麼來確定其國慶日？概括起來大致有以下幾種：

把宣布共和國成立為國慶日，例如：中國、韓國、印度。

把國家獨立和建國的日子定為國慶日，例如：美國、墨西哥。

把革命起義紀念日作為國慶日，例如：羅馬尼亞、法國、剛果。

以佔領首都的日子作為國慶日，例如：捷克、古巴。

以憲法頒布日作為國慶日，例如：德國、挪威。

以在位國王或皇帝的生日為國慶日，例如：日本、泰國、尼泊爾、荷蘭、瑞典。這些國家隨著元首的更換，國慶日也隨之變動。

有些君主制國家除了把國家元首的生日作為國慶日以外，還另定有一

個國慶日。

　　一些國家的國慶日是一年中的哪一天不固定。英國的國慶日是每年6月份第二個星期的星期六，牙買加的國慶日是每年8月份第一個星期的星期一。

　　在世界各國之中，歷史最悠久的國慶就是「國中之國」的聖馬利諾。該國早在西元301年的時候，就把9月3日定為自己的國慶日。

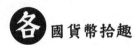
各 國貨幣拾趣

　　各國貨幣的名稱不一，現在介紹如下：

　　稱「元」：台灣、中國、美國、日本、韓國、緬甸、馬來西亞、新加坡、賴比瑞亞、衣索比亞、蓋亞那、澳洲、紐西蘭、千里達及托巴哥、加拿大。

　　稱「第納爾」：南斯拉夫、伊拉克、科威特、約旦、突尼西亞、阿爾及利亞、利比亞。

　　稱「鎊」：英國、土耳其、賽普勒斯、埃及、奈及利亞、蘇丹、迦納。

　　稱「先令」：索馬利亞、坦尚尼亞、肯亞、烏干達、奧地利。

　　稱「法郎」：法國、蒲隆地、比利時、瑞士、幾內亞、盧安達、馬利。

　　稱「克朗」：瑞典、丹麥、冰島、挪威。

　　稱「盧比」：巴基斯坦、尼泊爾、印度。

　　稱「馬克」：德國、芬蘭。

　　稱「披索」：古巴、墨西哥、多明尼加。

　　稱「盾」：越南、印尼、荷蘭。

此外，羅馬尼亞稱「列依」，伊朗、沙烏地阿拉伯稱「里亞爾」，泰國稱「銖」，義大利稱「里拉」，西班牙稱「比薩斜塔」。

西方國家≠西方的國家

「西方國家」不完全是自然地理概念。日本的地理位置在東方，但是通常也稱為西方國家。

第二次世界大戰結束以後，人們統稱社會主義國家和資本主義國家為「社會主義陣營」和「資本主義陣營」，通常把二者的關係稱為東方、西方關係。現在，雖然「陣營」已經不復存在，但是「西方國家」一詞仍然沿用。近幾年來，每年舉行的美國、英國、法國、德國、義大利、加拿大、日本七國首腦經濟會議，經常也被稱為「西方七國首腦會議」。

外國人姓氏趣談

外國人的姓氏有什麼由來？以歐美一些國家來說，許多是根據祖先從事的職業來決定，例如：英國人和美國人姓「史密斯」，法國人姓「菲雷爾」，西班牙人和拉丁美洲各國姓「赫雷羅」，義大利人姓「菲拉洛」，荷蘭人姓「司密托」，德國人姓「施密特」，匈牙利人姓「科瓦奇」，都是「鐵匠」的意思。又例如：英國人和美國人姓「庫克」、「米勒」、「柴契爾」，與他們的祖先大多是廚師、磨坊工、瓦匠有關。

此外，以地名作為姓氏，在歐美國家中也相當普遍，例如：福特（小津）、伍德（林地）、布希（灌木叢）、克里夫（懸崖）。美國著名小說家傑克‧倫敦，他的祖先就是以「倫敦」這個城市作為姓氏。

有些姓是透過區別同名人的外表得來，例如：姓「朗」的意即「長人」，姓「蕭特」的意指「矮子」，姓「布朗」是「棕色」之意。

歐美許多國家，特別是冰島，有些姓氏尾語經常帶有「遜」字，例如：「詹森」、「羅賓遜」。「遜」是「兒子」之意，即約翰、羅賓的後代。此外，姓氏前的「麥克」、「奧」，也是「兒子」的意思，例如：「麥克米倫」、「奧希金斯」，分別表示他們是米倫或希金斯的後裔。

外交官員種種

大使，最高一級外交代表，由一國元首向另一國元首派遣，享有比其他等級的外交代表更高的禮遇，通常都授予「特命全權大使」銜。

公使，僅次於大使級的外交代表，所受禮遇僅次於大使，也由元首派遣，享有的外交特權與豁免權與大使相同，通常都授予「特命全權公使」銜。各國之間互派公使已為罕見，有些大使館也設有公使職銜。

特使，為執行特定外交任務或參加典禮活動而臨時委派的外交代表。

領事，一國根據協定派駐他國某城市或地區的代表，一般有總領事、領事、副領事、領事代理人。根據國際慣例和有關國家之間的互惠協定，領事享有一定的特權。

德國人的姓名

德國人的姓名包括名和姓兩部分，把名排列在姓之前，例如：卡爾・馬克思，「卡爾」是名，「馬克思」是姓；著名物理學家愛因斯坦叫阿爾伯特，愛因斯坦是他的姓。

由於德國人名字相同的很多，為了區別，經常在名字上加一個附加名。這種情況常見於對帝王的稱呼，例如：獅子亨利、紅鬍子腓特烈。

德國人的姓來源很廣，有些沿用古日爾曼語中的人名，有些取自《聖

經》中聖徒的名字，有人把某一地區的名稱作為自己的姓，也有人的姓與某一自然現象的名稱相同。最常見的是將某人的職業或人體特徵變成他的姓，例如：施奈德（裁縫）、戈爾德施米特（金匠師傅）、克萊因（矮子）。

成年女子結婚以後，一般都改用丈夫的姓。當然，也可以保留原姓，或是在原姓之前（後）加上丈夫的姓，這樣一來，就出現複姓。結婚之後將自己的姓書寫在丈夫的姓之前，已經作為德國婦女要求解放的象徵，於最近二十幾年開始流行。

德國人在稱呼別人的時候，名字一般只用於家庭內部或青少年之間，以及成人的親密朋友之間，以顯得無拘束和親近。值得一提的是，子女也可以叫父母的名字。

日本女性名字為何有「子」？

日本女子姓名為何有「子」的那麼多？要瞭解這一點，就要知道日本人的名字有一個特點，即經常利用結尾字來區別男女，例如：表示男性，經常用彥、男、夫、雄、郎作為結尾，女性則多用子、代、江、惠。但是在歷史上，這些名字尾語只是作為官稱、美稱、愛稱、尊稱而被使用，以後逐漸演化，成為名字的一部分。

「子」不是一開始就和女子的名字聯繫在一起，最早是在男性中使用。日本奈良時代（西元710～794年）以前，男性稱「子」的人不少，一般多兼作官稱，例如：當時在朝廷內有顯赫地位的重臣蘇我馬子和中臣鐮子。中世紀的日本，婦女地位極低，有姓名者寥寥，如果有取「子」為名，只是作為尊稱限於地位很高的婦女，例如：鎌倉時代（西元1192～1333年）的幕府將軍夫人北條政子。1868年明治維新以後，政府鼓勵貴族女性用「子」作為名字尾字。大正年間（1912～1926年），天皇遴選

九條節子為皇后，自此開端，「子」成為日本女子名字的常用字。

日本人的姓

古代的日本人並沒有姓，只有名。到江戶時代結束的時候（1867年），只有貴族和有特權的武士有資格有姓，農民和一般市民絕對不允許有姓。如果是姓「青木」的地主家的佃農叫「太郎作」，就被叫做「青木的太郎作」，住於有大橋的村裡叫「五兵衛」的人，就被叫做「大橋的五兵衛」。到了明治三年（1870年），日本政府才決定國民可以給自己取姓。但是由於長期形成的習慣，很少有人主動給自己取姓。為此，明治八年（1875年），日本政府再次規定：所有國民必須有姓，有些人就依前而叫做「青木太郎作」或「大橋五兵衛」。此外，家前有松樹就取姓「松下」，居住於山口就取姓「山口」，還有人將昔日有名武士的姓，例如：「酒井」、「本多」、「上杉」，取為自己的姓。1898年，日本政府頒佈戶籍法，規定子承父姓，妻從夫姓，不得隨意更改。

日本的稱呼習慣

「您」這個稱呼在漢語中，是一個用法最簡單、適用範圍很廣的敬稱。日語中的「您」，卻含有尊敬程度不高，而且有表示親暱的成分。一般是女人稱呼自己丈夫的時候用，或是身份較高的人稱呼地位較低的人，年齡較大的人稱呼晚輩的時候用，例如：師長稱呼自己升遷的弟子或學生。

日本的稱呼習慣是：當稱呼的對象是男子，而且具有國會或地方議員以上身份的人，或是醫生、律師、教授、教師、記者，以及不好稱呼職務的客人時，稱呼為「先生」。如果對方是政府官員或地方官員（例如：

大臣、知事、部長、市長、町長、村長、課長、系長），以及企業負責人
（例如：會長、社長、部長、課長）等有職務的人時，用其職務加上「先
生」來稱呼。如果稱呼的對象是女人，而且對方是議員、醫生、律師、教
授、教師、演員、記者等知識份子時，一律稱其為「先生」。如果對方年
齡不大或是年輕，而且是已婚婦女時，統稱為「夫人」。如果不知道對方
是否已婚，儘量避免直接稱呼，非稱呼不可的時候，年輕者稱其「小姐」
或是「這位」，年長者稱其「嬸嬸」，更長者稱其「奶奶」。因此，我們
在和日本客人談話時，不要隨便使用「您」來稱呼。

何 謂日本的「知事」？

日本的行政機構分為一都（東京都）、一道（北海道）、二府（大阪
府、京都府）、四十三個縣。都、道、府、縣的首長一律稱為「知事」，
例如：東京都知事、北海道知事、大阪府知事、福岡縣知事。日本的市歸
縣管轄，例如：長崎市歸長崎縣管轄，長崎市市長受長崎縣知事的領導。

「知事」一詞來自於中國。日本認為中國宋代那些「知」什麼地方的
「事」可以表達行政長官的含義，因而接受這種名號，只是略微變更，將
地名放在前面，將「知」與「事」兩字連在一起，而稱為「知事」。這個
「知」用於日本的官名是主持之意。日本的都、道、府、縣不稱長，而稱
「知事」，據說有「朝廷命官」之意。

聯 合國一詞的由來

「聯合國」一詞最早是美國總統羅斯福發明的。1942年1月1日，
美、蘇、中、英等二十六個國家為了建立統一戰線，共同打敗法西斯聯
盟，聚會華盛頓，簽署發表一個共同宣言。根據當時美國總統富蘭克

林・羅斯福提議，稱其為《聯合國家宣言》，亦可譯為《聯合國宣言》（Declaration by United Nations）。到了1944年8月，英、美、蘇三國代表在華盛頓的敦巴頓橡樹園舉行會議，討論起草關於建立戰後國際組織的具體方案。在談到各個國際組織的名稱時，三國都同意沿用1942年「共同宣言」所使用的「聯合國」一詞，把未來的國際組織命名為「聯合國」。這個提議最後獲得舊金山制憲會議批准。

何謂「國書」？

國書是一種外交文件，當一個國家的元首要任命或召回派駐外國的外交代表時，就要用書信的形式通知所駐國家的元首。這種書信不是一般的信件，而是一種正式的外交文件，要由元首親自簽名，外交部長也要在上面簽名。這種文件稱為國書，分為派遣國書和召回國書兩種。派遣國書是派遣國元首的委任狀，上面寫明外交代表的任命和等級，並且請求接受國元首對該外交使節代表本國元首或政府的言行予以信任。國書的遞交和接受，是外交代表正式就職的表示。完成這個手續以後，這個外交代表的身份和他應有的權利和義務才可以確定。按照國際慣例，國書由所駐國元首親自接受。

聯合國徽章圖案的由來

1945年4月25日至6月26日，在美國的舊金山，各國代表討論並且制定聯合國憲章。10月24日開始，憲章開始生效，聯合國正式成立。

聯合國的宗旨是：維持國際和平與安全，發展國際之間友好關係，促進經濟、社會、文化、人類福祉等方面的國際合作。

聯合國徽章的設計就考慮到這個宗旨，其圖案是用兩根橄欖枝襯托整

個地球，表示爭取世界和平。用橄欖枝代表和平，來自於一個古老的神話故事。

遠古時代，主宰人類命運的上帝發現人間道德風氣敗壞，十分震怒，決定製造一場洪水，把人類全部毀掉，有些天神提議地球上應該保留一些生命，否則顯得太殘酷了，上帝認為有理。經過考察，認為諾亞夫婦是唯一的好人，就派使者通知他們準備一隻方形大木船，並且在各種動物中挑選一對雌雄，帶到船上以逃避災難。後來洪水退去，諾亞夫婦派鴿子去其他地方探察情況。不久之後，鴿子銜著一根青綠色的橄欖枝葉飛回來報喜，洪水已退，和平日子來臨，世界生命開始新的轉機。

自此以後，人類就把橄欖枝作為和平的象徵，鴿子也被譽為「和平鴿」。

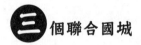 個聯合國城

第一個聯合國城——紐約

美國紐約最繁華的曼哈頓區東河之濱，有一塊7‧29公頃的土地，是一塊「國際領土」，由聯合國員警守衛。它的東邊以東河為界，西邊的聯合廣場與曼哈頓東區的第42～48街相接。

第二個聯合國城——日內瓦

瑞士日內瓦，是第二個聯合國城所在地，全稱「聯合國日內瓦辦事處」，也稱為「聯合國歐洲總部」，俗稱「萬國宮」。包括亞利安納公園在內，總面積為25公頃。這裡及市內其他地方，總共設有二百多個聯合國所屬專門機構和代表機構，以及其他一些國際組織。

第三個聯合國城——維也納

1974年，聯合國大會決定將奧地利的首都維也納列為第三個「聯合國會議城市」。奧地利政府組織施工，歷時六年，於1979年正式建成這

座嶄新的聯合國城，並且以象徵性的租金奧幣一先令（約合新台幣五角）
租給聯合國使用，租期為九十九年。

世界上一些國家的別名

世界上一些國家，由於地理、歷史、氣候、物產等特點，被人們譽以
具體化的別名。

千島之國——印尼。

火山之國——尼加拉瓜。

沙漠之國——沙烏地阿拉伯。

花園之國——新加坡。

龍蝦之國——喀麥隆。

山鷹之國——阿爾巴尼亞。

鴕鳥之國——肯亞。

綿羊之國——紐西蘭。

咖啡之國——巴西。

花生之國——塞內加爾。

橡膠之國——馬來西亞。

櫻花之國——日本。

仙人掌之國——墨西哥。

橄欖之國——突尼西亞。

鐘錶之國——瑞士。

風車之國——荷蘭。

郵票之國——聖馬利諾。

鑽石之國——獅子山。

黃金之國——哥倫比亞。

石油之國——委內瑞拉。

赤腳之國——衣索比亞。

清真之國——巴基斯坦。

千湖之國——芬蘭。

赤道之國——厄瓜多。

低窪之國——荷蘭。

油棕之國——貝南。

軟木之國——葡萄牙。

香料之國——格瑞那達。

玫瑰之國——保加利亞。

蝴蝶之國——巴拿馬。

國中之國——梵蒂岡。

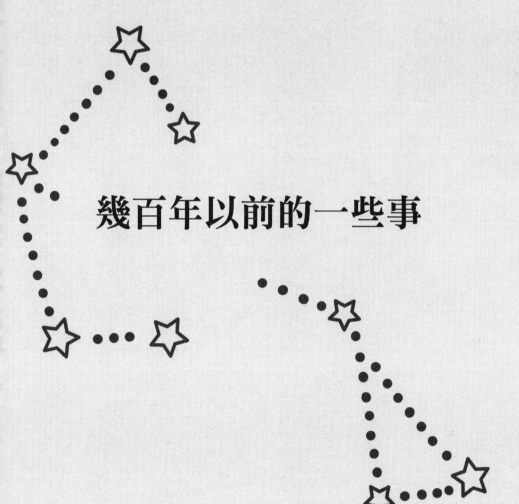

幾百年以前的一些事

中華小考

　　古代的中國稱為華夏，又稱為中原。華夏，是中國古代人民對中國的美稱，表示中國疆土廣大，中華民族是擁有文化和講求文明的禮儀之邦。根據《左傳・定公十年・疏》記載：「中國有禮儀之大，故稱夏；有服章之美，謂之華」。「中」是指中土或中心。西周初年，周公營建雒邑，以它為天下中心，所以稱為「中土」。「夏」是大的意思，由「華夏」和「中夏」二詞又衍出「中華」一詞。這個詞語開始見於《三國志・蜀志》「遊步中華」一語。

中國為何稱為「華夏」？

　　「華夏」一詞，在《尚書・武成》已有。《尚書・武成》敘述：周武王攻滅商紂，建立周王朝，「華夏蠻貊，罔不率俾。恭天成命……」意即，華夏蠻貊各族，沒有不使自己的部族，奉承天命所歸的周王朝。疏：「華夏為中國也。」即指中原。

　　古書上為了區別華夏本族和少數民族，經常把「華」「夷」、「胡」「華」、「夷」「夏」對舉，例如：中國歷史上就有「五胡亂華」。《左傳・定公十年》有「裔不謀夏，夷不亂華」之語，意即邊遠的夷人不應該在中國謀亂。即是「華」「夷」，也是「華」「夏」二字作為互文而同時出現的例子。《孟子・滕文公上》有「吾聞用夏變夷者，未聞變於夷者也」之語，這是「夷」「夏」對舉。總之，「華」「夏」或合稱「華夏」，古代都指中國。

　　為什麼中國被稱為華夏？一從文化上說：「中國有禮儀之大，故稱夏；有服章之美，謂之華。」（《左傳・定公十年・疏》）一從地理上

說：「中國民族舊居雍、梁二州之地，東南華陰，東北華陽。就華山以定限，名其國土曰華。其後人跡所至，遍及九州，華之名始廣。華本國名，非種族之號。夏之名實因夏水而得，本在雍、梁之際，因水而名族，非邦國之號。」（《章太炎文錄》）這是從中國文化的發祥地而立論。二說雖然不同，但是有其相同之處，就是都與文化有關。

支那的原意是什麼？

「支那」本來是外國人對中國人的稱呼，中國人一般不用。由於近代日本稱中國為支那，人們就認為是一種蔑稱。其實，它的本源是英文china的音譯。china又一譯意為瓷器，有人就認為是以瓷器（china）作為中國的代稱。根據英文《韋氏大辭典》詮釋，瓷器（china）一詞來自於支那（china）。由此可見，在西方先有中國之名，後有瓷器之稱。

「支那」一詞，最早見於印度古詩《摩訶婆羅多》，是古代印度人加給中國的一種尊稱，包含對中國和中國人民的友好感情。

司馬遷並未定名《史記》

在先秦兩漢時代，許多書是沒有書名的，《史記》也是這樣。司馬遷在完成這部巨著以後，曾經給學者東方朔看過。東方朔看過以後，非常欽佩司馬遷所取得的成就，就在書上加「太史公」三字。「太史」是司馬遷的官職，「公」是美稱，這樣只表示是誰的著作而已。中國最早的圖書目錄（東漢班固所著《漢書‧藝文志》）在著錄這部書的時候，只寫《太史公百三十篇》，這就是此書在兩漢時期正式流行的名稱。一些學者在引用這部著作時，經常覺得《太史公百三十篇》這個書名過於繁瑣，經常省略為「太史公記」、「太史公書」、「太史公傳」。「史記」二字，是從

「太史公記」這四個字裡縮略出來，漢朝末年以後才稱為《史記》。

中國主要朝代名稱的由來

夏：禹治水有功，後來舜讓位給禹。因為禹原本為夏后氏部落首領，所以國名為「夏」。

商：湯滅夏以後，因為他們的始祖曾經居住在商（今河南商丘），就以「商」為國名。

周：周武王滅商，因為周文王曾經居住於岐山下的周原，故以「周」為名。

秦：秦始皇的祖先是周考王的馬夫，因為養御馬有功，被賜「嬴」姓，封地在甘肅天水，後來擴大至陝西，立國號為「秦」。

漢：劉邦被封為漢王，後來經過垓下之戰，項羽兵敗自刎，劉邦統一以後，國號為「漢」。

魏：曹操在漢獻帝時期封為魏王，他的兒子曹丕代漢自立，國號為「魏」。

蜀：劉備佔據成都以後，自稱漢中山靖王後代，因為四川簡稱蜀，所以稱為「蜀漢」。

吳：孫權建都南京，是古代吳地（就是戰國時代的吳國），因此稱為「吳」。

晉：三國統一於魏，魏將司馬懿的孫子司馬炎逼迫魏帝讓位，因為魏曾經封司馬昭（司馬炎之父）為晉公，所以國號是「晉」。

隋：開國皇帝楊堅，曾經被封為隋國公，因此國號是「隋」。

唐：唐太宗李世民的祖輩李虎曾經被封為唐國公，李世民父親李淵消滅群雄以後立國，故以「唐」為國號。

宋：趙匡胤曾經為宋州節度使，所以國號是「宋」。

元：世祖忽必烈取《易經》「大哉乾元」四字之意，以「元」為國號。

明：朱元璋原本是牧童，後來當和尚，在農民起義軍中是小明王的部將，後來害死小明王，繼承「明」為國號。

清：在關外建國號大金，1636年改為清，清是金的諧音。

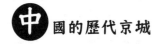

國的歷代京城

夏都陽翟，今河南禹縣；後來遷安邑，今山西夏縣西南。

商都亳，今河南商丘縣東南；後來遷殷，今河南安陽小屯村；末期遷朝歌，今河南淇縣。

西周都鎬京，今陝西西安市西；東周都雒陽，今河南洛陽。

戰國：齊都臨淄，今山東淄博市臨淄北。楚都郢，今湖北江陵西北紀南城；後來遷壽春，今安徽壽縣西南。秦建都於雍，今陝西鳳翔縣；後來遷咸陽，今陝西咸陽。趙建都晉陽，今山西太原市；後來遷都邯鄲，今河北邯鄲市西南。魏建都安邑，後來遷都大梁，今河南開封市西北。韓都陽翟，後來遷新鄭，今河南新鄭縣。燕都薊，今北京，以易（今河北易縣）為下都。

西漢都長安，今陝西西安西北。東漢都洛陽。

三國：魏都許昌；蜀都成都；吳都建業，今南京市。

晉：西晉都洛陽，東晉都建康。

南朝：宋、齊、梁、陳皆建都建康。

北朝：北魏都平城，今大同市東北，後來遷洛陽。西魏都長安。東魏都鄴，今河南安陽縣。北周都長安，北齊都鄴。

隋都大興，今西安市，建東都洛陽。

唐都長安，陪都洛陽。

北宋都東京，今河南開封市，陪都洛陽。

遼都上京，即今遼寧巴林左旗南波羅城。西夏都興慶，今寧夏銀川市。金都會寧，今黑龍江省阿城縣南白城，後來遷都燕京，末期遷南京，即今河南開封市。

南宋，高宗趙構即位於南京，宋之南京是應天府，今河南商丘；後來遷臨安，今杭州。

元都大都，今北京市。

明，朱元璋在南京稱帝，後來遷都北京。

清都為北京。

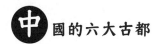國的六大古都

根據《水經注》記載，自上古至北魏，大概曾經有城邑三千左右，其中做過古都大約有一百八十處。如果再說從北魏至清，王朝嬗變，又平添許多古都。在所有王朝首都之中，最著名的是：北京、西安（長安）、洛陽、開封（汴梁）、南京（天京）、杭州（臨安）。

國歷史上有幾個北京？

北京是中國歷史悠久的城市和古都之一。但是，歷史上所指的北京不是一個地方。唐朝和五代十國時期的唐、晉、漢三代，都以它的發祥地太原府為北京。

宋代慶曆二年，宋仁宗趙禎為了抗擊遼國，把從前宋真宗親征時駐蹕

過的大名府（今河北省大名縣東北）建為北京。金代天眷元年，金熙宗完顏亶改臨潢府（上京）（今內蒙古巴林左旗境內林東鎮）為北京。金代貞元年間，因為中京大定府在新遷都府大興府（今北京市）之北，所以把大定府又改稱為北京，故址在今天的內蒙古寧城縣西北大明公社。

明初洪武元年，朱元璋建開封府為北京，故址在今河南省開封市。明朝永樂元年，成祖朱棣將他做燕王時的封地北平府改為順天府，建北京（即今北京市），永樂四年開始修建故宮，迄今已經有五百多年。

中國的眾多稱呼

中國歷史悠久，外國對中國的稱呼也經常因此而異。唐代的中國國勢強盛，名聲很大，因此在此以後，外國就有稱中國為「唐」的習慣。《明史·真臘國傳》記載：「唐人者，諸番呼華人之稱也，凡海外諸國盡然。」與此相關，外國也有把中國稱為「唐家」，華僑談到中國也有稱為「唐山」。與此類似的情況是：稱中國為「秦」、「漢」。晉代僧人法顯在《佛國記》中，提到西域稱中國和尚為「秦地眾僧」。現在伊朗的波斯語、印度的印地語、義大利語、英語對中國的稱呼，通常都認為是從秦的發音轉化而來。漢代國力盛極一時，曾經多次派遣使臣外出。漢代以後，中國人經常以「漢」來稱呼自己國家，外國也經常稱中國為漢。現在，外國一般還稱研究中國文化的學者為「漢學家」。「契丹」作為中國的代稱，在西方也流傳很廣。現在俄語對中國的稱呼，即從契丹轉音而來。

此外，外國對中國的稱呼還有很多，例如：支那、震旦、賽里斯……近代日本稱中國為「支那」。其實，世界上許多文明古國很早就以此稱呼中國。一般認為，「支那」是秦的轉音。「震旦」，一種解釋是：「東方屬震，是日出之方，故云震旦。」通常的說法是「震」為「秦」的轉音，「旦」是「斯坦」的簡稱。「賽里斯」即「絲國」之意，古代外國已經知

道中國產絲。西方學者提到賽里斯時，大多是讚譽之詞，例如：「其人誠實，世界無比」，「舉止溫厚」，「習慣儉樸，喜安靜讀書以度日」；再例如：「物產豐富」，「氣候溫和，空氣清新」……

皇帝拾趣

中國歷史上最早稱為皇帝的是秦始皇，他姓嬴名政，在位時間是西元前246年至西元前210年。最後一個皇帝是清朝的宣統，即愛新覺羅·溥儀，他在位時間是1909年至1911年。

在位時間最長的皇帝是清朝的康熙，名玄燁，從西元1662年至1722年，總共做六十一年皇帝。

在位時間最短的皇帝是漢朝的劉賀，只當二十七天皇帝，就被廢除。

即位年齡最大的皇帝是唐朝的武則天，她即位的時候已經六十一歲，她又是壽命最長的皇帝，終年八十一歲，她也是中國歷史上唯一的女皇帝。

即位年齡最小的皇帝是漢朝的殤帝，名劉隆，生下來一百多天就當上皇帝。他又是壽命最短的皇帝，死時不足一周歲。

十歲以下的小娃娃就當上皇帝的，在中國歷史上總共有二十九個。

慈禧太后雖然沒有稱帝，但是權力比皇帝還大。她當政四十八年，為所欲為，皇帝成為傀儡。

古代君主的稱謂

古代的諸侯和封建帝王經常自稱「孤」、「寡人」、「不穀」。「孤」，謂自己不能得眾；「寡人」，即「寡（少）德之人」；「不

穀」：穀，可以養人，為善物，不穀即不善。這些都是君主的謙稱。《老子》：「貴以賤為本，高以下為基，是以侯王自稱孤、寡、不穀。」很顯然，在「自謙」的背後，隱藏籠絡人心以求鞏固一己統治的目的。

「朕」，在古代為大家通用的第一人稱代詞，相當於「我」，例如：愛國詩人屈原在《離騷》首句云：「帝高陽之苗裔兮，朕皇考曰伯庸。」秦始皇統一中國以後，成為帝王自稱的專用詞，別人不准再用。

古代人們對帝王的稱呼，更顯示高高在上的統治者的淫威。

稱帝王為「天子」，「天子」即「天之驕子」，他擁有的權力是上天所賦予的，因此「天子」的地位是至高無上的。

稱國君為「萬歲」，大約始於秦漢。「萬歲」一詞，原本是人們於喜慶時的歡呼語，例如：《戰國策・齊策》記載，馮諼替孟嘗君燒掉債券，「民稱萬歲」。秦漢以後，臣子朝見國君，拜恩慶賀，以呼「萬歲」為常，成為帝王之代稱。

或是以「陛下」稱呼國君。「陛下」原本指在宮殿台階下的國君近臣或侍衛人員。群臣與天子言，不敢直呼天子，惟恐有瀆聖顏，故呼其身旁侍衛之人以轉達，「陛下」成為國君的尊稱。至今，人們仍然用這些辭彙來尊稱外國國家領袖，但是只限於外交場合。

古代縣官為何稱為「知縣」？

知，就是管理和主持的意思。知縣就是管縣，管理和主持一縣的政事。

知，解釋為管理和主持，古詩文中經常看到。《左傳》「子產其將知政矣」，就是說：子產將要主持政事。宋朝魏了翁《讀書雜鈔》指出：後世官職上加「知」字，就是從這裡開始。韓愈《師說》：「吾師道也，夫庸知其年之先後生於吾乎？」就是說：我（向他）學習的是道理，何必管

他的年齡比我大還是比我小？《宋史‧蘇軾傳》：蘇軾「知徐州」、「知湖州」、「知杭州」，就是說：派蘇軾去主持徐州、湖州、杭州的政事，即擔任這些州的知州。唐宋以後的知府、知州、知縣、知事（知縣又稱為縣知事），都是這種意思。古詩詞中，知也解釋為管。杜甫「翠衿渾短盡，紅嘴漫多知」，多知即多管，意謂：鸚鵡可以學人語，多管閒事。王維「坐看紅樹不知遠，行盡青溪不見人」。不知即不管，是說：為看紅樹而不管路遠。

唐人街的由來

唐朝是中國歷史上的一個強盛時代。國外的華僑往往被人稱為「唐人」，華僑聚居的地方被稱為「唐人街」。「唐人街」，按照英文的字義是「中國城」的意思。

美國「唐人街」是當年開發美國西海岸的一些城市的中國人——華工和華商創立和建設起來的。剛開始，他們在舊金山和紐約等地的某些街道，開設中國式的小茶館、小飯鋪、豆腐坊，逐漸形成華人生活區（也稱為中國鎮）。後來，商店日益增多，除成了飲食業以外，刺繡和中國古玩也在那裡聚集。

如今，「唐人街」成為繁華的街道。那裡有華僑學校、同鄉會、俱樂部、影劇院。每逢新春佳節，在唐人街上耍龍燈、舞獅子、放爆竹……保留中國傳統的辭舊迎新的風俗。

何謂「尚方寶劍」？

「尚方寶劍」（或是稱為「尚方劍」），就是「尚方」鑄的寶劍。「尚方」是掌管供應製造帝王所用刀劍等器物的一個部門，秦朝開始設

置。

「尚方寶劍」是指皇帝所用的劍，是一種最高權力的象徵。它究竟有沒有「先斬後奏」之權？從歷史的記載來看，皇帝不會經常把這麼大的權力交給別人。

使 節釋源

在古代，使節不是對人的稱謂，而是一種官職憑證。卿大夫聘於諸侯時，國君要授給任職憑證，這種憑證就叫做使節，又叫做符印。使臣受命出國時，國君也要給予出使憑證，這種憑證也叫做使節或符節。那種叫做符印的使節大多用銅鑄成，並且根據任職地區的不同，分別鑄成不同的動物圖像。在山區任職的，授給他虎節；在平原任職的，授給他人節；在湖澤地任職的，授給他龍節。出使憑證一般都是用竹子為柄，上面綴些氂牛尾等裝飾品，亦稱旄節。張騫和蘇武出使匈奴的時候，所持的就是這種使節。

現在，「使節」的含義產生變化，指一國長駐他國的外交官，或是派駐他國臨時辦理事務的代表。

古 代皇帝用的「金牌」

抗金英雄岳飛在宋高宗紹興十年，準備「直搗黃龍府」之時，被秦檜在一日之內連下十二道金牌召回，並且秘密處死。這個故事已經家喻戶曉，但是「金牌」究竟是何物，卻眾說紛紜。許多人都說是黃金鑄成，其源皆出於清朝俞正燮所著《癸巳存稿》中所說「截金為牌」。

《夢溪筆談》談到古時候郵遞是這樣說的：「驛傳舊有三等。曰步遞、馬遞、急腳遞。」「熙寧中，又有金字牌急腳遞，如古之羽檄也。以

木牌朱漆黃金字，光明眩目，過如飛電，望之者無不避路，日至五百餘里。」可見金牌是皇帝處理緊急和機密軍事事務時所用的一種朱漆黃金字木牌，並非如上所說的黃金所鑄。

單于、可汗、天可汗

在古代，中國境內的許多少數民族，對他們的首領有不同的專用稱呼，例如：戰國至秦漢時期的匈奴族，稱首領為「單（音蟬）于」；北朝時期的柔然族，唐朝時期的回紇族和突厥族，元朝時期的蒙古族，稱首領為「可汗」。回紇族和突厥族為了表示服從唐朝中央政權的統一領導，還稱唐太宗為「天可汗」。

這些稱號都有特殊含義，例如：「單于」一詞，原本是「撐犁孤塗單于」的簡稱。在匈奴語中，「撐犁」是「天」，「孤塗」是「子」，「單于」含有「廣大」的意思。

中國古代的博士、碩士、學士

「博士」、「碩士」、「學士」這些名稱，中國古代早已有之，但是和現在的含義不完全相同。

博士，源於戰國時代。《史記‧循吏列傳》：「公儀休者，魯博士也，以高弟為魯相。」《漢書‧百官公卿表上》：「博士，秦官，掌通古今。」這樣說明：博士在那個時候是一種官職，又是一些博古通今而知識淵博的人。

碩士，中國五代時期就有。《五代史》記載：「前後左右者日益親，則忠臣碩士日益疏。」宋代著名散文家曾鞏《與杜相公書》記載：「當今內自京師，外至巖野，宿師碩士，傑立相望。」可見，碩士在古代通常指

那些品節高尚和博學多識的人。

學士，最早出現於周代。《周禮·春官》：「詔及徹，帥學士而歌徹。」《史記·儒林列傳序》：「天下之學士靡然鄉風矣。」這樣說明，學士最早是指那些在學讀書的人，後來逐漸變成文人學者。

考勤始於何時？

中國的考勤制度起源甚早，但是當時所謂考勤，主要是對國家官吏而言。至於考勤表的使用，根據文獻記載，應該不早於清代。清初，國家官吏實行坐班制，每日辦公皆在衙署。至乾隆中期，此制逐漸廢弛。清人昭槤《嘯亭雜錄·卷十》記載：軍機大臣和珅擅權時，曾經自立私寓，「不與諸大臣同堂辦事，而命諸司員傳語其間」。後來，有許多官吏也待在家裡辦公，不坐班。清人震鈞《天咫偶聞·卷七》記載：「自乾隆以後，重臣兼職者多，遂不恆入署。而閱折判牘，移於私宅。」為此，清政府在國家機構中設置「畫到簿」專司考勤。畫到簿為官吏考勤的重要憑據之一，與紅本一起存入內閣大庫，以備查驗。但是由於它無法反映遲到和早退等情況，所以沒有太大約束力。

咸豐年間，成立總理衙門，為了防止畫到溜號的弊端，提高辦事效率，就規定對其官吏「核其勤惰」，分別給予「請獎」或「參劾」，這就是歷史上考勤與獎懲結合的開始。

古代的假日

中國的假日制度，始於距今兩千多年以前的西漢，當時官員休息那天，都要沐浴更衣，所以稱假日為「休沐」。漢代規定朝官每五日返家休沐，故稱為「五日休」。唐朝改為「旬休」，官員每十日可以休息一日。

古代除了定期的休息日以外，還有節假日，唐代中秋節給假三日，寒食清明四日。明代冬至放假三日，元宵十日。為鼓勵臣下盡心國事，晉代定有「急假」，官吏用以處置緊急家事，一年以六十日為限。後晉時期，家居外地的官吏探親時還給路程假。清政府對有功的文武大臣還給「賞假」。

對於官吏的假日，歷代均有嚴格的規定。唐德宗明文規定，三品以上假滿之日，必須到衙門報到，否則扣發俸祿一月，有些官員還因此被罷免官職。

清朝初年，隨著西方傳教士進入中國，「禮拜天」這個宗教用語開始在中國出現。辛亥革命勝利以後，開始實行星期日休息制。

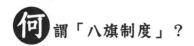

國最後一次科舉考試

中國最後一次科舉考試是在光緒三十年（1904年），金榜題名的是：

狀元：劉春霖（貴州貴陽）

榜眼：朱汝珍（廣東清遠）

探花：商衍鎏（廣東番禺）

傳臚：張啟後（安徽省）

直到光緒三十一年（1905年），清朝政府迫於輿論，才向全國頒布《清帝諭立停科舉以廣學校》詔旨，科舉制度才在中國最後結束。

謂「八旗制度」？

滿族未入關以前，它的民族以驃悍勇猛和善於騎射著稱。經過許多戰

爭，滿族的軍事力量由小到大，由弱到強。

明代萬曆二十九年（1601年），正式設立紅、黃、藍、白四旗，至萬曆四十三年（1615年）添設四旗，「參用其色廂（鑲）之」（見《東華錄·卷一》），共得八旗。至此，「旗」從原來「建旗辨色，用飭戎行」的單純標誌物性質，成為清代軍事單位的專有名詞。入關前後，又增設蒙古八旗和漢軍八旗，合為二十四旗。「八旗」建制的設立，完全是為了適應當時政治和軍事形勢發展的需要。

後來形勢的發展顯示，在軍事方面，例如：清室入關，定鼎中原；清初順治康熙朝的「平叛」和削藩；日常軍事行動上的環衛禁城，拱護城池、衙署、倉庫，水火災防，八旗兵都產生中堅的作用，完成它的使命。

然而，八旗畢竟是封建統治者的工具，因此就有不可挽回的頹敗之運在等待它。戰事稍息，八旗兵「閒者日眾，不事生業」（見《嘯亭雜錄》）。特別是滿族八旗兵，更是遊手好閒，吃喝嫖賭抽鴉片。到了同治和光緒年間，就連祖傳的騎射之術也丟棄。

這班八旗子弟，浪蕩悠閒，身無一技，惟仗祖上留下的特權，領薪俸，吃喝玩樂。所謂八旗紈絝，落魄無能。

同治和光緒年間大批八旗紈絝子弟的出現，是清王朝加速崩析的重要因素之一。

慈禧太后為何又稱為「老佛爺」？

有一些歷史小說，將慈禧太后稱為「太后老佛爺」。實際上，「老佛爺」的稱號不是慈禧太后專用的，清朝歷代皇帝的特稱都叫做「老佛爺」。

歷史上的帝王，除了「廟號」、「謚號」、「尊稱」以外，有一些帝王還有「特稱」。

例如：宋代皇帝的「特稱」叫做「官家」，明代皇帝的「特稱」叫做「老爺」。

清代帝王的「特稱」為什麼叫做「老佛爺」？這是因為：女真族首領最早特稱為「滿柱」，「滿柱」是佛號「曼殊」的轉音，是「佛爺」和「吉祥」之意，因此女真族首領歷代相傳，特稱「滿柱」。後來，有一些顯赫的家族和世居高位的首領，取名就叫做「滿柱」。

所以，清代建國以後，將滿語「滿柱」漢譯為「佛爺」，成為清朝歷代皇帝的「特稱」。慈禧太后讓別人稱她為「老佛爺」是有其特殊目的，她企圖把自己比作和皇帝一樣。

圓 明園小釋

關於「圓」「明」二字的含義，雍正在《圓明園記》中說：「圓明意志深遠，殊未易窺，嘗稽古籍之言，體認圓明之德。夫圓而入神，君子之明中也；明而普照，達人之睿智也。」根據這個注釋，「圓」是指品格修養達到博大精深、邃密周純、無所不至的地步。「明」是指賢明不惑，洞察民隱，政績清明。圓明二字，概括封建時代明君賢相的最高標準，也是對封建帝王的至高歌頌。

光緒皇帝的「親爸爸」

光緒皇帝每次向慈禧太后請安時，都要說一聲「親爸爸吉祥」，一代帝王稱呼女性的葉赫那拉氏為「親爸爸」，聽來雖然荒唐滑稽，但卻是鐵的史實。

慈禧太后透過「辛酉政變」（1861年），開始臭名昭彰的垂簾聽政，權力在光緒皇帝之上，實際居於太上皇的高位。在中國封建社會的歷

史上，只有皇帝的父親才配享有太上皇的高位。慈禧太后既然自居太上皇的尊位，就喜歡皇帝以男子的稱呼來叫她，當然沒有比叫她「爸爸」更適合。

光緒皇帝載湉，不是慈禧太后所生，而是慈禧太后親妹妹所生。慈禧太后曾經說：「我妹妹的兒子，就跟我親生的一樣。」「爸爸」之前加上「親」字，既入耳，又掩飾非親之嫌。

何謂「三教九流」？

「三教九流」的意義，曾經是頗為高雅的。「三教」的說法起自三國時代，指的是儒、釋、道三種教派。儒，原本為孔子所創，並非宗教，漢代儒生為了抬高孔子的地位，把儒家學說渲染得像宗教一樣，就被人們當作宗教。釋，指東漢時期傳入中國的佛教，以其為印度釋迦牟尼所創而簡稱為釋。道，是東漢時期創立的一種宗教，講究煉丹修道，尋求長生不老之法。「九流」的說法，最早見於《漢書・藝文志》，指的是春秋戰國時代的儒、墨、道、名、法、雜、農、陰陽、縱橫等學術流派。後來。人們把宗教和學術中的各種流派統稱為「三教九流」。隨著時間的推移，其含義每況愈下，現在通常是作為貶義詞，泛指那些在江湖上從事各種行業的人。

丞相的由來

丞相，是封建王朝輔助帝王治理全國的行政領袖。早在周朝時期，就有這樣的官職，但是不叫做丞相，而是叫做「地官司徒」。到了秦朝，正式有丞相這個官職名稱，其職責是「掌丞天子助理萬機」，商鞅和李斯就是當時秦國的名相。後來，劉邦推翻秦王朝，繼承秦制也設丞相一職。

漢高祖十一年，將丞相改為相國，蕭何就是第一任相國。東漢時期，將丞相改為司徒。《三國演義》中，那個巧使美人計讓董卓和呂布爭貂蟬的王允，就是司徒。不久之後，又恢復丞相的職稱，曹操就是東漢末代皇帝——漢獻帝的丞相。在魏晉初期，廢除丞相。唐朝時期，又恢復丞相這個職務。南北朝期間，宋、齊、梁、陳、魏、周等朝，均設丞相或相國。隋朝，不設丞相職，有司徒位，與太尉和司空共同參議國家大事，但是實際的行政事務都在尚書省辦理（六部尚書即由此完善）。唐承隋制，設司徒，與太尉和司空「佐天子，理陰陽，平邦國，無所不統」，實際政務仍是由尚書省辦理（此時，吏、戶、禮、兵、刑、工六部尚書已經正式定名）。宋承唐制，但是設宰相，由同平章事任職，無常言。有兩人時，就分日掌印，「佐天子，總百官，平庶政，事無不統」。宋代時期的丞相，一般以文人擔任，並且規定要由太中大夫以上充任，王安石和司馬光都是當時的名相。到了清朝，總掌軍政大權的除了內閣以外又加上一個軍機處，沒有丞相的職稱。

宦 宦官與太監

「宦官」和「太監」在一般人的印象裡，似乎是同一概念，這種理解是不夠確切的。第一，最初的宦官並非都是閹人；第二，「宦官」和「太監」，並非自古以來就是同一概念。

「宦官」之稱，古已有之，它是在皇宮中為皇帝及皇族服務的官員的總稱。東漢以前，充當宦官的並非都是閹人。「悉用閹人」，是東漢之後的事情。

「太監」一詞，最早出現於遼代，是遼代政府機構中的官員。遼代太府監、少府監、秘書監，皆設有「太監」。元代因襲遼制，所設各監也多有「太監」。元代太監是諸監中的二級官吏，並非盡是刑餘之人。

到了明代，太監才和宦官發生比較固定的關係。充當太監者必是宦官，但宦官卻不盡是太監。太監是宦官的上司，是具有一定品級和俸祿的高級宦官。

太監成為宦官的專稱是從清代開始。因為清代的皇帝及皇族的宦官都冠以太監之稱，所以宦官與太監也就混為一談。

平天國

洪秀全把創立的國號定為「太平天國」，是受到中國歷史農民起義的影響，特別是天地會農民起義的影響。天地會長期以來，嚮往一個「天下太平」的社會：聚會地區稱為「太平圩」，辦事公堂稱為「太平莊」，開會場所稱為「太平廣場」。洪秀全創立「拜上帝會」，還吸取基督教《聖經》的「千載太平」之意。太平天國的「天」，也是繼承「順天」這個思想，並且融合基督教「天父上帝」的教義。至於太平天國的「國」，意為代表上帝做人間的天王居於人間之中。因此，太平天國反映農民要求建立人間天堂社會的思想。

烏紗帽

烏紗帽，如今已經成為官職的代名詞。其實，最初的烏紗帽並非如此。

烏紗帽最早見於《隋書‧禮儀志》：「帽，古野人之服也……宋齊之間，天子宴私，著白高帽，士庶以烏。其制不定，或有捲荷，或有下裙，或有紗高屋，或有烏紗長耳。」由此可知，烏紗帽一開始就不是官帽，而為天子及士庶之通服。

烏紗帽之為官帽，始於明代。《明史‧輿服志》：「洪武三年定，凡

常朝視事，以烏紗帽、團領衫、束帶為公服。」自此以後，烏紗帽就成為官帽的通俗說法。

相的由來

宰相，是中國歷史上一個泛指的職官稱號。宰是主宰，相輔助之。宰相的正式官名隨著朝代的更替，先後出現過：丞相、相國、大司徒、中書令、尚書令、參知政事、內閣大學士、軍機大臣等多達幾十種官名。

根據記載，早在商周時代，已經有太宰、尹、太師之稱，這些官職雖然有輔佐天子管理國家之意，但是在當時還不具備國家機器中幕僚長的性質。到了春秋戰國時代，相的名稱出現，例如：管仲為齊國相，藺相如為趙國相。由於當時養士之風盛行，許多有知識的人被各國招聘為相。秦國由於變化徹底，發展迅速，是戰國時代第一個設立郡縣制的國家，並且於秦武王二年（西元前309年）任命甘茂和樗里疾為左右丞相，丞相之名由此而始。秦始皇統一六國以後，宰相作為官制首次確定下來。

在秦朝以前的商周時代，國家的最高統治者是透過分封諸侯進行統治，商朝的王或周朝的天子不能干涉分封國的內政，又因為分封國的國君由貴族世襲，所以天子無權解除他們在分封國的統治權力。秦始皇之後，廢分封，設郡縣，廢諸侯，設官吏，皇帝不再透過宗法親緣關係進行統治，改為任命官僚向全國發號施令，因此有必要建立一套官僚機構，並且藉助於宰相大臣輔佐政務，宰相就在這個歷史條件下產生。隨著封建國家的發展，宰相制一直沿襲兩千年。

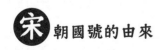朝國號的由來

西元960年，趙匡胤推翻五代時期的後周政權，建立宋王朝。

後周時期，趙匡胤跟隨周世宗歷經沙場有功，授殿前都點檢（即統領精銳禁軍之長）和檢校太尉，領宋州歸德軍節度使。後周世宗死後，七歲幼子柴宗訓（後周恭帝）即位。當時守衛京城開封府（今開封）的將官，就是趙匡胤。

顯德七年（960年），駐守鎮州和定州的官兵謠傳遼國和北漢南侵，後周宰相范質等人立即派遣趙匡胤率領禁軍前往迎戰。趙匡胤抵達陳橋驛（今河南開封市北二十里的陳橋鎮）以後，他授意其弟趙匡義和趙普把黃袍加在他身上，擁戴他當皇帝，史稱「陳橋兵變」。

隨後，趙匡胤率兵火速奔回京城。由於京城防守空虛，毫無戒備，更有殿前都指揮使石守信做內應，就輕而易舉地奪得皇位，當上皇帝。

因為趙匡胤兼任宋州歸德軍節度使，登上帝位以後，就以宋州（今河南商丘市南）的「宋」字為國號，自稱宋太祖。

明朝國號的由來

西元1368年農曆正月，朱元璋在南京登上皇帝寶座，建立大明王朝。

朱元璋為什麼要把國號定為大明？要從明教說起。

明教是波斯人摩尼所創，所以也叫做摩尼教。摩尼教認為世界上存有兩種對立的力量，叫做明暗兩宗，明是光明，是善，是理；暗是黑暗，是惡，是欲。西元694年，摩尼教傳入中國，被稱為明教。西元845年，唐武宗禁止佛教，明教也被禁止傳播，從此轉入地下。

由於明教起義，主張改變現狀，因此深受廣大貧苦農民的歡迎，紛紛入教。元朝末年，韓山童稱明王，率領三千明教徒起義。韓山童被元軍捕殺以後，其子韓林兒繼稱小明王，統轄各地明教的義軍，朱元璋即是小明王的部將。

朱元璋建立新王朝以後，一些農民出身的將領，贊成以「大明」作為國號；一些地主階級出身的文臣，例如：劉基等人，也認為日月是朝廷的正祀，為歷代皇帝所重視。而且，新朝起於南方，元朝起於北方，以陰陽五行之說推論，南方為火，屬陽；北方為水，屬陰。以火制水，以陽消陰，以明剋暗，元朝必然滅亡。再則，歷代王朝的宮殿名稱被冠以大明二字也很多。古代神話中，「朱明」一詞又把皇帝的姓和朝代稱號連在一起，雖然是巧合，但是很吉祥。因此，他們也贊成用大明作為新朝國號。

清朝國號的由來

滿族的祖先原本是金朝的女真部族，所以努爾哈赤統一女真各部以後，即定國號為「大金」。不久之後，為區別於歷史上的金朝，又改稱「後金」。

很多蒙古人、漢人、朝鮮人受其統治，再用「後金」國號很不適應，並且漢人因為受到歷史影響，對金人素懷惡感，「後金」國號對籠絡漢人並非所宜，所以皇太極在繼位以後十年，即天聰十年（1636年），改國號為「清」。

皇太極為什麼以「清」作為國號？有兩種說法：一說在改「後金」為「清」的前一年，皇太極已經廢除「女真」族號，改為「滿州」。「滿州」在滿語中音近「曼殊」，原本是佛名，意為「清之帝王」，是佛的化身。因此，他用「清」代「金」，對籠絡各族人心和進一步取代明王朝，作用都比「大金」或「後金」更大。與此同時，皇太極還為推翻和取代明王朝大造輿論，只有有德者才可以統治天下，「惟有德者乃可稱天子」、「有德者受命，無德者廢棄」。這些話，就成為他思想的核心。他所說的「有德」，包含「清」的意思，與「滿州」語意相合，所以用「清」作為國號。

另一說正好相反，係捨義而求音。在滿語中，「清」是「金」的諧音，漢語的「清」就是滿語的「金」，「金」改為「清」，是改漢不改滿，其目的只是適應進攻明王朝的需要，讓漢人容易接受而已。支持這種說法的人，舉出滿語中對貴族夫人的稱謂「福晉」為例：「福晉」起初叫做「夫金」，後來改稱「福金」，最後才叫做「福晉」，所以「夫」與「福」、「金」與「晉」在滿語中是同音，因此根據滿語音韻，「清」與「金」也是音同。此說還以瀋陽（即清朝舊京）撫近門匾額為證，匾上漢文寫的是「大金」，滿文寫的是「大清」。這塊匾額是天聰年間所立，那個時候尚未改國號「清」，滿文裡卻已經稱為「清」。

　　兩種說法情由不同，但是都認為改國號為「清」是出於政治需要，主要是以此籠絡漢人，進而為取代明王朝做準備。從這個共同點來看，應該以第一種說法為是，從後來清朝統治者始終諱言「女真」和「大金」名稱上，可以得到佐證。

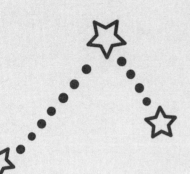

這塊地與那塊地的事

地圖溯源

地圖在中國有悠久的歷史。西周初年，已經應用於城市規劃和建設。

中國目前發現的最早的平面地圖，是在中山國都遺址附近出土的距今二千二百多年的銅版地圖。圖中，古代製圖的某些要素，例如：分率和準望（即比例和方位）都有所反映。

南朝時期，宋人謝莊製成《木方丈圖》，是木刻地形模型，比瑞士製作的地形模型早一千三百年。唐代貞元年間，賈耽設計和監製巨幅《海內華夷圖》，開創中國以不同顏色分注古今地域的先河。

明朝末期，義大利傳教士利瑪竇來華，在廣東刻印《坤輿萬國全圖》，對中國古代地圖的繪製產生重大影響——它使中國原有的經緯概念充實而明確並且系統化。

1718年，官方監製的《康熙皇輿全覽圖》編成。中國古代地圖的特點是：起源久遠、繪製技術高超、理論完整有系統、種類多樣。

地震定級的由來

有些人曾經問，地震是怎樣定級的？震級和強度相同嗎？早在19世紀末期和20世紀初期，義大利和瑞士的科學家曾經提出劃分震級的方法，但是這些標準都是按照地震造成破壞的程度為依據，大致相當於現在我們所說的強度，並非真正表示地震本身的強度。

1939年，美國人芮克特和古騰堡在分析加州曾經發生的地震時，試圖設立一種可以直接反映地震實際強度的分級法，即分成大、中、小三類。可是芮克特在研究時發現：越是強烈的地震，留下的曲線振幅越大！芮克特意識到，這是一種劃分震級的理想參考依據。後來，古騰堡建議，

如果某次地震使距離震中一百公里處的標準地震儀的劃針擺動一微米，即記錄下來的曲線振幅寬一微米，這次地震就定為一級。如果曲線振幅寬達十微米，地震強度則要定為二級。依次類推，震級每高一級，曲線振幅應該擴大到前一級的十倍。這就是現今國際上通用的芮氏震級表的誕生。

「芮氏震級」有沒有上限？長期以來，科學家一直認為不可能發生超過8‧5級的地震。但是從1979年開始，科學家發現確實發生過更強烈的地震，例如：1964年阿拉斯加大地震原本定為8‧4級，實際上達到9‧2級；造成空前破壞的1960年智利大地震，當初定為8‧5級，現在測定竟然有9‧5級，是近幾百年以來的最強烈地震。

莫斯科紅場的由來

紅場是前蘇聯首都莫斯科最大的廣場。它出現於15世紀，最初的名稱叫做「貿易」廣場，人們經常在這裡洽談商務。1493年，克里姆林宮內外發生火災以後，被改稱為「烈火」廣場。16世紀，又被人們稱為「聖瓦西里」廣場，因為廣場南邊有一個聖瓦西里大教堂而得名。16～17世紀，廣場成為古代莫斯科的政治和貿易中心，俄羅斯帝國在這裡建造一個宣布皇帝詔書和執行死刑的高台，此後人們就把廣場稱為「紅場」。其中，「紅」這個詞語在古俄語中，是「美麗」和「主要」的意思。

紅場是俄國和蘇聯歷史發展的見證人，幾百年以來，這裡曾經發生許多重大的歷史事件，特別是十月革命以來，這裡埋葬幾百名為勞動人民謀幸福而壯烈犧牲的工人和戰士。因此，「紅場」這個古老的名字又有新的含義：「紅」是為蘇維埃政權而流的鮮血的象徵，是革命紅旗的顏色。

蘇維埃政權建立之後，這裡成為舉行重大集會、遊行、閱兵的場所。列寧曾經多次在這裡發表演說，號召蘇聯人民保衛和建設新生的蘇維埃政權。

1924年1月27日，蘇聯人民在紅場為列寧舉行隆重葬禮。蘇維埃國家根據蘇聯人民的心願，做出在紅場建立列寧陵墓的決定。起先，陵墓是木結構建築物，後來改建成用拋光花崗岩和片岩建造的陵墓。在列寧陵墓後面，還相繼安葬前蘇聯其他一些已故的國家主要領導人。

唐 寧街的由來

英國首相官邸「唐寧街十號」，大約有二百八十年歷史。

「唐寧街十號」雖然已經成為英國首相官邸的代稱，但是其由來卻鮮為人知。「唐寧街」是以17世紀中葉喬治·唐寧男爵的名字命名的。唐寧在英國國王查理二世統治時期非常活躍，五次被選為下議院議員，當過牧師、將軍、外交官，以及掌管財政的官員。1660年，他37歲的時候被封為男爵。

在英國歷史上，喬治·唐寧沒有留下美名。根據《大英百科全書》記載，他驕橫、卑鄙、貪財，善於諂媚和見風使舵，因此成為當時英國最富有的人。他購置大片地產，建造很多房舍，甚至在倫敦的一條街上擁有一整排房產，因此這條街就被稱為「唐寧街」。

18世紀，英國國王喬治二世在位時期，把唐寧街十號和十一號兩幢三層樓房收歸王室所有。從18世紀30年代開始，唐寧街十號就成為首相官邸，十一號是財政大臣官邸。

省 的由來

「省」的名稱從漢代開始，但是最早的省，不是地方行政區的名稱。它的出現，就是由古時候的避諱造成的。原來，在封建社會裡，王宮屬於禁地，戒備森嚴，宮外人非宣召不得入，所以稱為「禁中」。西漢元帝立

王政君為皇后，王皇后的父親名禁，為避國丈的名諱，改「禁中」為「省中」，於是「省」成為禁宮的稱呼。

魏晉南北朝時期，朝廷將政府機要部門設在省中，以後歷代相沿，省成為官署之名，例如：門下省、尚書省、中書省。中書省秉承君主意旨，執掌樞要，發布政令，權位尤為顯赫。到了唐代，中書省正式成為全國政務中樞，元朝更以中書省總領百官，成為中央最高行政機關。元世祖忽必烈又分別在河南、江西、四川、雲南等十一處設立中書省，簡稱行省，行省置丞相和平章等官，與中書省互為表裡，管轄所屬府、路、州、縣的軍政事務。從元代開始，行省開始成為地方最高行政區。

明朝建立之初，承襲元制。洪武九年，明太祖朱元璋因為行省區域太大，改行省為布政使司，縮小其管轄範圍，但是朝野仍然習慣稱為省。

清朝又恢復省的稱號，初定全國設直隸、山東、山西、四川等十八省，後來增設奉天、吉林、黑龍江三省，光緒又增設新疆和台灣二省。辛亥革命以後，中華民國又增設青海、西康、熱河、察哈爾、綏遠、寧夏六省。目前，中國先後設置三十四個省、市、自治區，以及特別行政區。

省 名的由來

中國各省名的由來，大致分為六種情況：

一、根據地理位置。例如：河南和河北位於黃河南北，山西位於太行山以西，湖南和湖北位於洞庭湖南北。

二、取境內的兩個地名的第一個字。例如：江蘇，以境內江寧府（今南京市）和蘇州府的首字得名；福建，以境內福州和建州的首字得名。

三、以境內的江湖之名為名。例如：黑龍江省，即以境內的水色黑而蜿蜒如游龍的黑龍江為名；青海則以境內的青海湖得名。

四、以統治者的主觀意識為名。例如：遼寧取「遼河流域永久安寧」

之意，寧夏取「夏地安寧」之意。

五、為紀念某事。例如：天津古時候稱為直沽，元代曾經置海津鎮，明成祖曾經於此率軍南下，爭得帝位，為紀念此事改海津為天津，意即天子所經的渡口。

六、根據少數民族的譯音。例如：吉林，是滿語「吉林烏拉」的簡稱，「吉林烏拉」即「沿著松花江」的城市。西藏，取「烏思藏」中的「藏」字，「烏思」為中央之意，「藏」為「聖潔」之意，又因為其地在中國西部，故稱西藏。

新 疆的由來

新疆維吾爾自治區稱為新疆，始於清代，1755年（乾隆二十年），清政府平定天山北路的準噶爾部；1759年，又平定大小和卓，天山南北全入清朝版圖，歸伊犁將軍管轄。對當時清政府而言，這是新開闢的領土，所以被稱為「新疆」。1884年（光緒十年），將伊犁將軍轄區改建為新疆省，新疆成為正式行政區劃名稱。

中國歷史上將新收復的疆土泛稱為「新疆」，可以追溯到宋金時代。紹興九年（西元1139年）宋金和議，金朝同意歸還陝西和河南地。南宋下詔曰：「詔新疆縣令自今並差文臣。自建炎間，始置武令。劉豫因之。論者以為不學而從政，民間被害甚眾，故復用文臣。」（《建炎以來繫年要錄》卷130紹興九年七月甲申）紹興九年十一月己卯，上諭輔臣曰：「新疆百姓凋敝，無往年十之一，而官吏患如舊，何以贍之。可令遂路監司並省，庶寬民力。」（同上書卷133）以上兩處「新疆」，是指新收復的河南地。

紹興十年正月癸巳上諭秦檜曰：「新疆各宜屯兵以守，得之雖易，不可以易失之……」又曰：「陝西弓箭手最為良法。神宗開邊，當時甚盛。

今聞其法浸弛，官司擅行役使，宜嚴行禁止。」（同上書卷134）此「新疆」又指新收復之陝西地。

由此可見，用「新疆」一詞來泛指新收復的疆土，已經有很悠久的歷史。

 ## 灣的由來

台灣在各個歷史時期，其名稱有各種不同的叫法。

在中國股商時代的文獻中，就有關於台灣的記載，當時稱為「岱輿」或「員嶠」，先秦時代稱為「瀛洲」，漢代稱為「東鯷替」，三國時代叫做「夷洲」，隋朝稱為「流求（或作琉求、流虯、留仇、琉球），明代稱為「台員」或「台灣」。稱呼「台灣」這個名字，是明代萬曆年間（西元1573～1620年）才開始，有時候稱它為「雞籠」，因為基隆港外有基隆嶼，島嶼形如雞籠浮水，故此得名。

由於閩南話中的「員」與「灣」同音，所以從康熙二十三年開始，台灣這個名稱就一直沿用至今。

一些外國人把台灣叫做「福爾摩沙」，那是如何而來？據說明朝萬曆年間，有一艘葡萄牙船由印度駛向日本，經過台灣海峽時，船員望見台灣島上一片翠綠，風光美麗，就連聲稱道：「伊啦，福爾摩沙！」葡萄牙語的意思是「美麗的島」。從此，有一些外國人也把台灣稱為「福爾摩沙」。

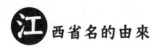 ## 西省名的由來

「江西」的初名，是從唐朝開始。

自漢至隋,被稱為「江西」的地方,其實並非今日的江西。長江自江西省湖口轉向斜流,北下南京和浦口,故有江東和江西之稱。唐代以前的「江西」,實指長江北岸,即今江蘇六合及安徽廬江一帶。

開元二十一年(西元733年),唐玄宗李隆基劃分天下為十五道,江南分為東西兩道。江南西道管轄八州:洪州、袁州、衡州、撫州等州,共領縣三十七,其範圍與今「江西省」相當。史家為省略紀事,經常將「江南西道」簡書為「江西」。

建中三年(西元782年),唐德宗李适封曹王李皋為洪州(今南昌)刺史和江西節度使,江南西道得名「江西」。

宋代天禧四年(西元1020年),將「道」改為「路」,江南分為東西兩路。金陵(今南京)和豫章(今南昌),俱在江南,然而對豫章而言,金陵居江南之東,豫章居江南之西,故宋代以江寧、太平、寧國、廣德等地為江南東路,江西全省為江南西路。

在唐宋之時,人們稱「江西」,仍然含有「江南」之意。至元十四年(西元1277年),元世祖忽必烈為加強中央集權,在全國分設十個「行中書省」(簡稱行省),江西為行省之一,江浙為另一行省,不再有江東行省。自此,「江西」之名始趨穩定,並且一直沿用至今。

四 川省名的由來

「四川」這個名字是如何而來?四川之所以稱為四川,是經過「兩川」和「三川」等階段演變而來,明代曹學佺在《蜀中廣記》卷五十一曾經指出過。

四川古稱巴蜀,漢代稱為益州,晉代分為梁益二州。唐太宗貞觀元年,改益州為劍南道,梁州為山南道。唐肅宗至德二年,分劍南道為東西兩川,置劍南東川和劍南西川兩川節度使,治所分別在今三台和成都。這

樣一來，第一次有「兩川」的稱號。唐代宗時期，又將劍南東道、劍南西道、山南西道置三道節度使，又稱為三川節度使，當時一般都簡稱為劍南三川。這樣一來，「兩川」又變成「三川」。這裡的「三川」，就是指今天的四川。宋代初期，在今四川地區分置四川路和峽西路，治所分別在今成都和漢中。宋真宗咸平四年，又分西川路為西川東路和西川西路，分峽西路為利州路和夔州路，就成為益、梓、利、夔四路。這四路，一般稱為川峽四路，又略稱為四川，就這樣，歷史上出現「四川」這個行政區劃的稱號。四川稱省，始於元代。元代的中央行政機構稱為中書省，僅次於中央的地方行政機構稱為行中書省，簡稱行省。宋代的川峽四路就成為元代的四川行省，簡稱四川省。此後，四川省的名稱一直沿用至今。

香港的由來

「香港」這個名稱的來源，歷來眾說紛紜，其中最為人們所熟悉的有以下幾種傳說：

一、由「紅香爐山」一名演變而來，據說清初在銅鑼灣海旁有紅香爐從海上飄來，於是村民就在沙灘上建廟，廟後的小山就被命名為「紅香爐山」，由此演變成「紅香爐港」，後來簡稱為「香港」。

二、芬芳的港口。香港早期經常有外國商船停泊，水手們上岸流覽的時候，看見遍地芬芳的野花，他們非常高興，就把這個地方稱為芬芳的港口，於是被譯作「香港」。

三、鼇洋甘瀑。據說在香港附近有一山溪，是行船者喜歡汲取的溪水，被稱為「香江」，其入口港口被稱為「香港」，全島也被叫做「香港島」。

四、與「香木」有關。香港在明代至清初盛產香木，名叫「莞香」。種香及製香盛極一時，許多居民賴此為生。莞香先運至九龍「香埗頭」，

然後運到石排灣（香港東北），再乘船運至廣州甚至江浙一帶，所以運香木的海灣就被稱為「香港」。

澳門的由來

澳門開埠至今，已經有六百多年的歷史。從前澳門歸屬廣東香山縣管轄，後來為紀念孫中山先生，香山縣改為中山縣，「澳」字在古代的解釋，就是與外國人通商的地方。

澳門之名，又是如何而來？據說《澳門紀略》書上記載：「其曰澳門，則以澳門南有四山離立，海水縱橫貫其中成十字，曰十字門，故合稱澳門。或曰澳門南台、北台兩山（可能指東望洋山及西望洋山）相對如門。」

古時候，珠江口外各水道出口處多稱為門，而且一直沿用至今，例如：虎門、橫門、磨刀門，所以澳門得名的由來，很可能也是根據這種地方習慣命名而得。

省、市、自治區簡稱的由來

中國的省、市、自治區都有簡稱，有些省、市不止一個簡稱。這些簡稱的由來不一，以省、區名稱的第一個字為簡稱的有：黑龍江省（黑）、遼寧省（遼）、吉林省（吉）、陝西省（陝）、甘肅省（甘）、寧夏回族自治區（寧）、青海省（青）、新疆維吾爾自治區（新）、雲南省（雲）、貴州省（貴）、台灣省（台）。

以省、市、區名稱的第二個字為簡稱的有：江蘇省（蘇）、四川省（川）、北京市（京）、天津市（津）、西藏自治區（藏）。

以區名的前三個字為簡稱的有：內蒙古自治區（內蒙古）。

以境內大河名稱為簡稱的有：浙江省（浙、浙江，即錢塘江）、福建省（閩、閩江）、江西省（贛、贛江）、湖南省（湘、湘江）、上海市（滬、吳淞江，即蘇州河，下游近海的一段，古時候稱為滬）。

以境內山名為簡稱的有：安徽省（皖、皖山，即霍山）。

以境內部分地區歷史上的行政轄地名稱為簡稱的有：河北省（冀，歷史上屬冀州）、山西省（晉，春秋時期為晉國領地）、山東省（魯，春秋時期為魯國領地；齊，戰國時期為齊國領地）、河南省（豫，歷史上屬豫州）、湖北省（鄂，歷史上屬鄂州）、廣東省（粵，古代為南粵轄地）、廣西壯族自治區（桂，秦代時期為桂林郡轄地）、陝西省（秦，戰國時期為秦國領地）、甘肅省（隴，古代為隴西郡轄地）、雲南省（滇，戰國時期為滇國領地）、四川省（蜀，古代為蜀國轄地，秦朝時期置蜀郡）、貴州省（黔，秦朝時期屬黔中郡）。

1988年，海南建省，簡稱「瓊」。1997年，重慶改直轄市，簡稱「渝」。

天府之國的由來

天府，最早見於《周禮》，後來被用為對土地肥沃和物產豐饒地區的讚譽之詞。秦漢時期，天府的美名集中於當時既是政治中心也是經濟最發達的關中。四川原來不被稱為天府，第一個稱四川為天府，是傑出的政治家諸葛亮。四川得此美譽的原因是：戰國末年至秦漢之交，西漢末年和東漢末年，中國開發最早而且經濟最繁榮的三河（河東、河內、河南）地區，經過連年戰亂和天災人禍，社會經濟遭到嚴重破壞，這個時期的四川經濟卻在全國躍居首位。

為了把四川營建為天府之國，我們的祖先對大自然進行「務」、

「治」、「制」、「用」，其中最重要的兩項是治水和開闢對外聯繫的通道。李冰主持修建都江堰水利工程，對岷江進行大規模的綜合治理和全面的開發利用。從秦漢開始，四川平原逐漸成為全國最重要的糧倉和糧食輸出區。為了克服「蜀道難」和打通南北通道，我們的祖先所付出的努力是可以與治水相當的。保留在《華陽國志》等書中的五丁移山、石牛開道、武都擔土、山分五嶺等優美的神話，以及四川各地出土的與中原器物相似的文物，就是最有力的證據。

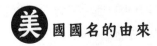

山東省名的由來

今日的山東，並非古代所指的「山東」。早在戰國時期，「山東」這個名稱就出現。當時，秦國稱雄，與齊、楚、燕、韓、趙、魏六國形成東西兩大勢力集團。秦國雄踞關中，六國在崤山和函谷關以東，那個時候的「山東」，是泛指崤山以東的黃河流域。

山東被明確地劃為一個獨立的行政單位，開始於南宋，正式形成於金。宋朝將全國劃分為十五路，「路」相當於現在的省。今日的山東地區，屬京東路與河北路。女真族佔領中原，設立金朝政權，行政區劃仍然沿用宋朝「路」的舊制，將京東路改稱為山東，並且將其分為山東東路與山東西路。東路治所在益都府，今益都縣；西路治所在東平府，今東平縣。明代廢除舊制，在全國設立十三個布政使司，俗稱省。山東即是其中一個，稱為山東布政使司。清朝時期稱為山東省，並且以濟南府為省會。民國時期稱為山東省，仍然以濟南為省會，直至今天。

美國國名的由來

1776年9月一個夜晚，北美大陸軍的營火旁，湯瑪斯‧潘恩在揮筆

撰文，「潘恩先生……」一個大漢的手按在他的肩上。「華盛頓將軍！」「我來檢查一下軍需品的供應。我指的是文字，不是子彈！」將軍的話中帶著幽默。潘恩把文稿遞給華盛頓。「這是考驗人們靈魂的時刻。風華正茂的軍人，光彩照人的愛國者……」將軍反覆朗誦著。「你寫完以後，給我一份。在這場戰役結束以前，我需要用這篇文章。」將軍的身影在黑暗中消失。耶誕節之前，潘恩的《北美的危機》第一章印製出來送到前線。

12月25日黃昏，華盛頓把部隊集合在德拉瓦河前沿陣地上，演出軍事史上最光輝的一幕。每組由一名軍官，在凜冽的蒼穹下，向士兵們宣讀潘恩的《北美的危機》。全場傾聽鏗鏘有力的詞句，場面感人。接著，士兵們擁上船隻，渡過大河，突然降臨在酩酊大醉的英軍面前，一舉擊潰英軍。這一仗激勵北美殖民地革命的信心。在七年獨立戰爭中，潘恩透過《北美的危機》這本文集，把政治宣傳小冊子變成震撼人心的有力工具，成為戰爭勝利的重要因素。《北美的危機》第二章，第一次創造這個新國家的名字，他寫道：「美利堅合眾國將在世界上和歷史上，與大不列顛王國一樣的壯麗。」潘恩不僅在幫助這個新國家的誕生上盡力，而且還是它的命名者。

日本國名的由來

日本的國名，最早出現在西元7世紀70年代。在此之前，日本以大和朝廷代表國家，稱為大和國，但是國際上一直採用中國對日本的稱號——倭國。西元607年（中國隋煬帝大業三年，日本推古天皇十五年），日本派小野妹子為第二次遣隋使。小野妹子向隋朝呈遞的國書稱「日出處天子致書日沒處天子」。此後，日本力圖改變臣屬中國的地位，致力於爭取與中國的平等關係。隨著封建國家的發展，提出正式確定國名的問題。「大化革新」以後，日本仿效唐制，建立封建中央集權制國家，為提高國家的國際地位，想要採用一個新的國名以改變原來不雅的稱號，於是從致

隋國書的「日出處天子」得到啟示。西元670年（日本天智天皇九年，中國唐高宗咸亨元年），開始用「日本」為國名，意為太陽升起的地位。「日本」國名首次記載於史冊，是在西元720年。這一年，日本用漢語編寫《日本書紀》，把「大和」和「倭」等日本古稱都改為「日本」。《新唐書・東夷傳・日本》記載：「後稍習夏音，惡倭名，更號日本。使者自言，國近日所出，以為名。」可知，日本國名的出現與中國對日本的影響有很大的關係。

印度國名的由來

印度原本稱為婆羅多，是由古印度一個名叫婆羅多的國王建立的國家，最初指印度河流域這個地理名稱。後來，逐漸包括恆河流域以至南亞次大陸。古波斯語將「信度」變為「印督」，古希臘人又變「印督」為「印度伊」，在希羅多德的《歷史》中，印度稱為「印度斯」，後來羅馬沿襲這個詞語。在中國史書中，最初稱印度為「身毒」，後來又有「天竺」和「忻都」等稱號。中國使用「印度」這個詞語，始自玄奘的《大唐西域記》，書中記載：「譯夫天竺之稱，異議糾紛，歸云身毒，或曰賢豆，今從正音，宜云印度。」印度這個名稱就是這樣演變而來。

墨西哥城的由來

拉丁美洲北部的墨西哥，是一個擁有古老文化的國家。它的民間傳說及風土人情，豐富多彩，令人神往。

在首都墨西哥城的憲法廣場左側，豎立一座台基，上面有一隻用鐵鑄成的雄鷹，雄鷹嘴裡叼著一條蛇，兀立在一棵仙人掌上，台基的一側鏤刻「一三二五年」幾個金字。傳說在1325年，阿茲特克部落在尋找定居的

地方時，這個部落崇拜的戰神要他們一直向南走，直到發現一隻叼著蛇的雄鷹停留在一棵仙人掌上，那裡就是他們的定居處。阿茲特克人遵照戰神的旨意向南行，途中，果然看到戰神所說的情景，於是定居下來，建立特諾奇提特蘭城，就是今天墨西哥城的所在地。

檀香山的由來

夏威夷群島1959年8月正式成為美國行政區中的第五十個州。它由二十多個主島組成，像一串二千五百公里長的珠鏈，自東南向西北展布在太平洋洋面上，成為聯繫大洋東西兩岸和南來北往的中繼站和「十字路口」，在海上交通和戰略位置上都有十分重要的意義，被譽為太平洋上閃光的明珠。

在夏威夷群島中，以夏威夷島、茂伊島、歐胡島為最大，群島總面積一萬六千六百三十五平方公里，總人口九十多萬，首府設在歐胡島的火奴魯魯。火奴魯魯一帶早年盛產檀香木，華人經常把檀香木運回中國，因此華人把夏威夷和火奴魯魯均稱為檀香山。如今，在檀香山已經很難找到檀香木。

原來居住在南太平洋一些島嶼上的玻里尼西亞人，對夏威夷最早的開拓做出重要的貢獻，他們早在一千多年以前就來到這裡。從移民史來看，中國移民來這裡比較早，始於1852年。從1875年至1890年的十六年之間，到這裡的華工累計高達五萬五千人以上。現在居住在夏威夷的華人有五萬人，大約佔該州總人口的百分之五點六。

天方國的由來

我們通常把阿拉伯地區稱為「天方國」，這是如何而來？相傳，西

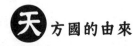

元前18世紀，伊布拉欣和他的兒子伊斯梅爾為表示對真主「阿拉」的崇敬，在今沙烏地阿拉伯王國西部的麥加建造一座祭主的方形廟宇，就是現在全世界穆斯林朝覲的中心——克爾白聖殿。這座廟宇當時稱為「神的住處」，後來又稱為「克爾白」，即方體形石屋之意。中國古代稱「克爾白」為「天房」，並且把阿拉伯地區稱為「天房國」。後人以訛傳訛，就稱為「天方國」。所以，中國把阿拉伯文學故事集《一千零一夜》譯為《天方夜譚》。

加拿大國名的由來

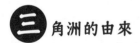

1534年，一個法國人率領一支艦隊來到北美洲一個海灣。他們沿著海灣向內陸駛去，發現行駛在一條大河上，就把這條河定名為聖羅倫斯河。在航行中，他們發現岸上有印第安人的茅屋，於是立刻登岸。印第安人熱情地接待他們，法國人問這裡是什麼地方，叫做什麼名字。印第安人聽不懂他們的話，以為在問他們的村莊，就隨口回答：「加拿大。」在印第安語中，「加拿大」是村莊的意思，於是「加拿大」就成為國名。

三角洲的由來

「三角洲」，是一個地理名詞，一般指江河出口處泥沙沖積而成的三角形地帶。然而，世界上的「三角洲」，不一定都是三角形狀。美洲的密西西比河三角洲，就完全不是三角形。它為什麼也叫做「三角洲」？原來，在古希臘的時候，尼羅河在地中海的出口處，由於年復一年的淤泥沖積，逐漸隆起島嶼似的地帶，越積越大，使滔滔而來的尼羅河水必須繞過這個島狀地帶向地中海流去。天長日久，尼羅河逐漸形成一個三角形的地帶，因其形狀酷似希臘字母「Δ」，所以人們就把這個地帶叫做「三角

洲」。此後，「三角洲」就成為那些江河出口處泥沙沖積而成的地帶的地理名詞，中文依照其所表示的字母「Δ」的形狀而譯為「三角洲」。

太平洋的由來

葡萄牙航海家麥哲倫是世界上最早環繞地球航行一周的人。西元1519年9月20日，麥哲倫率領西班牙探險隊，從西班牙故都塞維亞出發，經直布羅陀海峽，沿大西洋向西，開始環球航行。一年多以後，他們來到南美洲的南端。在沿南美洲海岸航行中，船隊頂著驚濤駭浪駛進一個海峽。經過三十八天的艱苦奮鬥，終於戰勝狂風巨浪和險灘暗礁，平安地穿越海峽。這個時候，一片茫茫無際的大洋又在他們的眼前出現。麥哲倫的船隊又經過三個月的航行，從南美洲越過關島，來到菲律賓群島。在航行中，始終沒有遇到一次大風浪，海洋十分平靜。船員們高興地說：「這真是一個太平之洋啊！」從此，人們把美洲、亞洲、大洋洲之間的一片大洋，叫做「太平洋」。

的的喀喀湖的由來

位於南美洲安地斯山脈中的高山湖泊——的的喀喀湖，是世界上海拔最高的湖泊，面積八千三百平方公里，是世界上著名的遊覽勝地。蔚藍的天空和湛藍的湖水渾然一色，空氣清新，環境靜謐，可以稱得上世外桃源。它與中國的天池一樣，也有動人的傳說。

的的喀喀湖原名「丘基亞博」，意為聚寶盆。根據民間傳說，豐富的寶藏靜靜地躺在環湖四周的地下，太陽神看到這個湖泊如此美麗可愛，於是把湖心島作為太陽島，並且派遣美麗勇敢的一對男女天使下凡。從此，他們喝著蜜糖般的湖水繁衍後代，產生印加民族。有一天，太陽神的

兒子也非常羨慕這個人間仙境，就趁著父親出巡之時，偷偷地來到安地斯山。可是，當他即將到達湖邊時，突然被山林中竄出的一隻饑腸轆轆的野豹吞吃。太陽神得知噩耗以後，異常傷心。印第安人不忍心他們心目中的上帝——太陽神傷心，於是他們緊緊圍住野豹獨霸的山林，用強弓硬弩射殺吃人的野豹，然後在湖邊建立太陽神廟，廟裡安放一塊大石頭——野豹的化身作為祭品，每年舉行隆重的太陽神紀念節。那塊代表野豹的石頭，後來被稱為「石豹」，石豹在印第安的奇楚瓦語中叫做「的的喀喀」。從此，的的喀喀湖的名稱就這樣世代相傳下來。

亞 馬遜河的由來

相傳，亞馬遜族是古希臘神話中的一族驍勇善騎的女強人，經常被描述為手持盾牌並且用長矛和弓箭武裝的騎士。1542年，西班牙探險家法蘭西斯科‧德‧奧雷亞納首次旅遊流經秘魯和巴西的一條巨河。途中，他把生活在那一帶的留長髮的印第安勇士誤認為女人。確實，「她們」的模樣和裝束，使他聯想到希臘神話中的亞馬遜族女勇士，於是就把這條巨河命名為亞馬遜河。

世 界七大洲名稱的由來

亞洲，全稱是「亞細亞洲」（ASIA）。一般人認為其名稱來自亞述語的亞蘇（asu），意思是東方日出之地。

歐洲，全稱是「歐羅巴洲」（EUROPE）。最早來自埃及語，後來傳入腓尼基語、亞述語、希臘語中，意思是西方日落之處。

非洲，全稱是「阿非利加洲」（AFRICA）。阿非利加一詞來源的語種未定，對其含義有多種解釋，拉丁文是「陽光灼熱」的意思。

北美洲和南美洲合成美洲，全稱是「亞美利加洲」（AMERICA），義大利探險家亞美利哥曾經到美洲探險，後來地理學家以他的名字稱這塊大陸為亞美利加洲。

　　大洋洲，意思是大洋之內的陸地。大洋洲還有一個名字——「南方的大陸」，用拉丁語說就是「澳洲」（AUSTRALIA），簡稱為「澳洲」。南極洲，真正的南方的大陸應該是「南極洲」，但是「南方的大陸」已經被大洋洲佔去，這塊大部分被冰雪覆蓋的大陸，只好稱為「南極洲」（ANTARCTICA）。

與日子有關的一些事

三大曆法

國際上使用的曆法有幾十種，其中最主要的有西曆、回曆、佛曆，即所謂三大曆法。

西曆原本是基督教的教曆，基督教徒以耶穌誕生那年開始算紀年，誕生以前的年代稱為西元前，誕生以後的年代稱為西元。如今，西曆已經成為國際上普遍使用的曆法。

回曆是從伊斯蘭教教祖穆罕默德避難至麥地那那天開始算起。回曆的元年一月一日是西元622年7月16日。回曆以月亮盈虧計算，一年為三百五十四天，與西曆相差十一天。回曆又分為太陰和太陽曆法兩種。

佛曆是泰國、斯里蘭卡、寮國、柬埔寨、緬甸等國，以及印度的部分地區通用的曆法。佛曆是從佛祖釋迦牟尼逝世那年，即西元前543年開始算起。

陽曆、陰曆、陰陽曆

無論是哪種曆法，無非是對年月日的安排，這些安排主要依據天體的運動。

日，是最容易識別的時間單位，地球自轉一周就是一日，年和月都是以日為基礎。

月亮圓缺變化是一個很好的時間單位，月亮圓缺變化一周是二十九天半多一點，農曆大月三十天，小月二十九天，就是取它的平均數。

地球繞太陽運動是一個更長的時間單位，以此為基礎的一年為三百六十五天五小時多。陽曆取其整數，平年三百六十五天，四年一閏，把四個五小時多加在一起，這一年就是三百六十六天。

如果某種曆法只考慮月亮圓缺，以十二個月為一年，這種曆法一年只有三百五十四天。時間長了之後，就與陽曆相差得越來越多，這種曆法被稱為純陰曆。在純陰曆裡，經過若干年之後，就會出現六月飛雪十二月酷熱的現象。

中國在春秋時代就創造「十九年七閏法」，其方法是在純陰曆的基礎上，每十九年裡面七年算是閏年，閏年多加出一個月，為十三個月，例如：癸亥年只有十二個月，三百五十四天，甲子年規定閏十月，一年有十三個月，三百八十四天。這樣安排和調節的結果，曆法既反映月亮的圓缺，也與跟隨陽曆而來的氣候冷熱變化相適應。這樣的曆法，實際上已經是陰陽合曆，簡稱陰陽曆。我們現在使用的農曆就是這樣的陰陽曆，有些人把農曆叫做陰曆，就是對其誤解。

西元、世紀、年代

「西元」產生於基督教盛行的6世紀。西元525年，一個名叫狄奧尼修斯的僧侶，主張以耶穌誕生作為紀元，耶穌誕生以前為「西元前」。西元532年，這種紀年法就在教會中使用。1582年，羅馬教皇制定格里高利曆，繼續採用這種紀年法，由於其精確度很高，進而為國際通用，故稱「西曆」。因此，耶穌誕生的年份，就稱為西元元年。所謂「西元」，就是「西曆紀年」。西元元年相當於中國西漢末期平帝的元始元年。中國採用西曆是辛亥革命以後的1912年，但是與當時的中華民族紀元的紀年法並行。

「世紀」來自拉丁文，意思是一百年。一百年稱為一個世紀，從西元一年開始算起，每過一百年就是一個世紀。

「年代」是在每一個世紀中，以十年為一個階段，例如：「50年代」、「80年代」。一般一個世紀的最初十年不用年代來稱呼，而是叫做

「最初十年」。

西曆二月為什麼只有二十八天？

西曆的前身叫做儒略曆，是西元前45年羅馬皇帝儒略・凱撒頒行。他規定每年分為十二個月，單月三十一天，雙月三十天，一年總共三百六十六天，但是比一年應該有的三百六十五天多一天。當時，犯人判處死刑在每年2月執行，2月被認為是不吉利的月份，凱撒就從2月中減去一天。凱撒死後，奧古斯都做皇帝，他發現凱撒誕生的7月是三十一天，自己出生的8月只有三十天。為了顯示自己的威嚴，他又從2月減去一天加到8月，並且把9月到12月的天數做出相應的改變。從此，2月就只有二十八天。

15分鐘為一刻的由來

15分鐘為一刻，這是眾所皆知的。如果再追問為什麼，也許就無法解釋。古代是用漏壺來計時：在漏水壺內豎一標杆，標杆上刻有等距離的刻度，壺內水因漏漸減，杆上刻度也依次顯露進而知道時間，其單位就是「刻」。明清時期有鐘錶，24小時等於一百刻，一刻即14.4分鐘，因此直接取15分鐘為一刻，以代表四分之一小時。

大月小月的起源

陽曆月份有這樣的規定：「4月、6月、9月、11月有三十天，其餘的月份有三十一天，2月例外，只有二十八天。」月份的大小，原因是羅馬

人在凱撒統治下發明儒略曆法時，決定有特別宗教意義的月份都是三十一天，不重要的月份是三十天。因此，取名門神的1月，以戰神為名的3月，為表示尊敬凱撒大帝而取名的7月，都有三十一天。凱撒大帝的繼任人奧古斯都規定8月應該以自己的名字來命名，所以8月也有三十一天。為了使8月有三十一天，他就從2月借來一天，把2月減少到二十八天。又為了避免使三個大月的月份連在一起，規定9月和11月各有三十天，把10月和12月加長到三十一天。

正月的來歷

　　人們習慣把農曆1月稱為「正月」，這是因為在中國古代，每年以哪個月為第一個月，各朝代都不相同。夏朝以1月為第一個月，商朝以12月為第一個月，周朝以11月為第一個月……這些朝代每改正一次月份次序，就把改正的第一個月稱為「正月」。根據《春秋・穀梁傳》記載：「人君當執大本……故年稱元也……欲其常居正道，故月稱正也。」意思是：古代帝王，大多在每年的第一個月接受文武百官的朝拜，為了表示莊重獨尊，就將1月改為正月。

　　另據史籍記載，周朝時期，許多國家大事都安排在正月處理，所以正月又叫政月。到了秦代，因為秦始皇出生在正月，取名嬴政，為了避他的名諱，強行規定把正字穿破，讀作征。正（征）月的叫法，就這樣一直沿用到現在。

臘月的由來

　　農曆12月稱為臘月，是由「臘日」演變而來。臘日，是古人祭祀百神的日子，始於周代，實際上在哪一天，沒有確切記載。到了漢代，將臘

日定為冬至以後第三個戌日（干支紀日法地支為戌的日子）。因為冬至日在農曆上是不固定的，所以臘日也是不固定的，後來又將12月8日定為臘日。《荊楚歲時記》記載：「12月8日為臘日」。為什麼祭神的日子叫做臘日？這要從臘字說起：古臘字沒有「月」旁，象形為：一隻掏掉內臟的小動物烤在太陽上。後來，人們把成塊的乾肉也稱為臘。在周代，掌握臘的人稱為臘人。用臘祭神，所以就把祭日稱為臘日。因為臘日定在12月，所以12月也稱為臘月。

小 時的由來

人們幾乎每天都要和鐘錶打交道，「幾點鐘」和「幾小時」這些話，一天不知道要說幾遍。為什麼要把兩個鐘點之間的間隔稱為小時？既然有「小時」，有沒有「大時」？其實，「大時」確實曾經有過，「小時」也是從「大時」引申而來。

在中國古代，人們用「銅壺滴漏」的方法計時，把一晝夜分為十二個時辰，即子、丑、寅、卯、辰、巳、午、未、申、酉、戌、亥。對應於今天的二十四小時，半夜十一點到一點為子時，一點到三點為丑時，三點到五點為寅時，其餘依次類推。古代的一個時辰，相當於今天的兩個小時，所以當鐘錶剛傳入中國時，就有人把一個時辰叫做「大時」，新的時間一個鐘點叫做「小時」。後來，隨著鐘錶的普及，「大時」一詞也就消失了，「小時」卻沿用至今。

閏 秒的由來

1985年7月1日7點最後一分鐘，華盛頓海軍天文台和美國國家標準局的原子鐘增加一秒，使這一分鐘出現六十一秒。增加的這一秒鐘，叫做

閏秒。閏秒是怎樣產生的？要瞭解這個問題，就要從計時談起。目前最先進的計時標準是銫原子的諧震盪頻率，其誤差每天僅為十億分之一秒。另一種是太陽時，它是依賴於地球自轉速度。地球自轉一周為一天，繞太陽旋轉一周（公轉）為一年。地球自轉的速度，由於月亮與太陽的潮汐作用和大氣震盪等因素的影響，在緩慢地減低。根據計算，近三百年以來，地球自轉速度平均每年大約減少0‧16秒，這樣就造成太陽時的偏慢。為了使原子鐘的計時與太陽時統一，每隔一定時間，當太陽時比原子鐘累積慢到一秒鐘時，原子鐘就要多跳一秒鐘，這就是閏秒。1979年12月31日最後一分鐘曾經閏過一秒，1985年這一次是第二次閏秒。

標準時間的由來

同一瞬間，地球上各地的時間是不一樣的。東邊的時刻早，西邊的時刻晚。中國東部長白山上的人吃午飯的時候，西部帕米爾高原上的人剛吃早飯。

從前，每個地方各用各的時間，在古代交通不發達和往來不多的情況下，沒有什麼不適合。但是到了近代，隨著交通的發達和各地交往的頻繁，就出現許多不便。

有一個爭執案件：1858年11月24日，英國多塞特郡的時鐘指在上午十點六分，該郡一位法官判決一名土地訴訟的人敗訴，因為上午十點開庭時，他沒有準時到庭。但是，兩分鐘以後，那個人到庭，立即向法官指出，按照他家鄉坎伯蘭郡喀萊爾鎮火車站的時鐘，他是準時到達的，因此這件案子必須重審。

火車站與法庭的時間差異，促使英國去統一時間。但是直到1880年，英國國會才決議以格林威治時間為全國標準時間。那裡天文台的格林威治大鐘，從此就決定全英國的時間。

大約從1884年開始，格林威治標準時間也為其他國家所承認。難怪現在人們都把英國格林威治天文台稱為「時間開始的地方」！

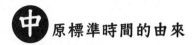原標準時間的由來

電台報告時間總是說：現在是中原標準時間××時××分。

「中原標準時間」又是如何而來？原來，地球上不同地方的人，看到太陽通過天體子午線的時刻（即正午十二時）是不同的。為了統一，天文學家規定東西兩地相隔經度十五度，時間就差一小時。地球自轉一周為三百六十度，一天分成二十四小時，所以地球一小時就等於自轉十五度。國際上把全球分為二十四個「時區」，中國使用的是東經一百二十度的標準時間，屬於東八區，「中原標準時間」就是東八區時間。

日光節約時間的由來

在夏季把鐘錶撥快一至二小時，以充分利用日光和節約能源的辦法叫做日光節約時間，又叫做夏令時間或夏時制。

實行日光節約時間的主張，是20世紀初期由英國人威廉‧維萊特最早於1908、1909、1911年連續三次在英國議會提出實行夏時制日光節約議案，但是不幸被當時英國議會所否決。德國政府的反應快，立刻看到這個制度的許多優越性，在1916年3月首先採用日光節約時間。緊跟著德國實行日光節約時間的國家是法國、奧地利、荷蘭、丹麥、挪威等國。但是，各國出於自己的實際需要，把日光節約時間的始期和終期做出改動，例如：第二次世界大戰爆發以後，有些國家的夏時制一直延長到11月19日才結束。有些國家，例如：英國，甚至把時鐘撥快兩小時，實行「雙倍」夏時制。

實行日光節約時間，確實給人們帶來許多好處。英國在1970年總結它的好處時提到：每年節約燃料價值大約一億英鎊，交通事故減少百分之三至百分之四。實行夏時制，使人們早睡早起，多接觸陽光，對健康也有益。

手錶的由來

第一次世界大戰期間，一名士兵為了看錶方便，把錶綁紮固定在手腕上，舉起手腕就可以看清楚時間，比原來方便許多。1918年，瑞士一個名叫札納‧沙奴的鐘錶匠，聽到那個士兵把錶綁在手腕上的故事，從中受到啟發。經過認真思考，他開始製造一種體積比較小的錶，並且在錶的兩邊設計針孔，用以裝皮製或金屬錶帶，以便把錶固定在手腕上，從此手錶就誕生了。

曆書的由來

以前的曆書叫做「皇曆」，已經有一千多年的歷史。據說，唐文宗李昂曾經下令：曆書必須由皇帝「欽定」，並且只許官印不許私印，從此曆書就成為「皇曆」。唐文宗大和九年（西元835年），曾經印有一本《宣明曆》，這本曆書載有月日、時辰、節氣。現在存世的一部最古老的印刷曆書，是唐僖宗乾符四年（西元877年）印製的。這本古老的曆書在中國解放以前被英國人偷運到倫敦。

曆書在民間流傳和普及是宋代以後的事情。據傳，宋代有一個學政，有一年主持科考批閱朱卷時，發現許多秀才把日期寫錯。問其原因，秀才回答：「書生晝夜讀書，只能觀察星月計算日期，怎麼可能不差一兩天？」於是，學政上奏朝廷，請翰林院每年修撰曆書，售給秀才掌握時

間。後來，曆書由宮廷逐漸發行到民間，成為一般百姓計月算日的工具書。

陽 曆的由來

陽曆來自於古羅馬的儒略曆，它的產生與歐洲基督教的發展有直接的關係。根據傳說，耶穌被釘死在十字架上三日以後復活，正好是春天。早期基督教徒慶祝復活節的日子因地而易，相當混亂。後來，復活節定為春分月圓以後的第一個星期日。隨著歲月的流逝，春分慢慢地靠近冬天。為了使復活節回到春天，羅馬教皇格里高利十三世根據天文學家提出的方案，對儒略曆進行改革。修改以後的儒略曆稱為格里高利曆，是把太陽周年運動視為制曆依據的一種純太陽曆，因此俗稱陽曆。它不僅解決復活節與天時不合的問題，而且具有很高的精確度。

日 曆的由來

中國開始有曆法，大約是在四千多年以前。根據甲骨文中的一頁甲骨曆，證明商代的曆法已經具有相當的水準，這一頁甲骨曆是人類最古老的曆書實物，這一頁甲骨曆也叫做日曆。

但是真正的日曆產生，大約在一千一百多年以前的唐順宗永貞元年，皇宮已經使用皇曆。最初一天一頁，記載國家與宮廷大事和皇帝言行。皇曆分為十二冊，每冊的頁數和每月的天數一樣，每一頁都註明天數和日期。發展到後來，就把月日、干支、節令等內容事先寫在上面，下部空白處留待記事，與現在的「桌曆」相似。那個時候，服侍皇帝的太監在日曆空白處記下皇帝的言行，到了月終，皇帝審查證明無誤以後，送交史官存檔，在當時叫做日曆，這些日曆後來就作為史官編寫《國史》的依據。

後來，朝廷大臣們紛紛仿效，編製自家使用的日曆。

至於月曆以後又發展成掛曆和桌曆等各種形式，只是近一個世紀的事情。

隨著時代的發展，儘管日曆的種類增多，花樣也不斷翻新，但是仍舊保持古老日曆的格局。

 曆的由來

唐詩：「山中無曆日，寒盡不知年。」「曆日」可能是最早的桌曆。

唐代時期，史官按日裁紙，裝訂成冊，每月一本。每頁上寫有月份和日期，留有空白，供近侍太監記載皇帝言行，這就是「曆日」。「曆日」月終先交皇帝審閱，然後由史官存檔，供編《國史》用。因為它有記時論事功能，文武百官競相仿效。大將劉仁軌出征時，亦帶上「曆日」。後來，除了年、月、日以外，還印上干支、節氣、月相、紀念日，成為案頭的桌曆。

二十四節氣小史

一年二十四節氣中，有些是表示季節，有些是表示溫度、降雨、霜、露等氣象現象，有些是反映作物和自然物候。

「二分」（春分和秋分）、「二至」（夏至和冬至）、「四立」（立春、立夏、立秋、立冬）是根據天文來劃分。當太陽位於黃經0°時，太陽光直射赤道，這個時候是春分；當太陽位於黃經90°時，太陽光直射北回歸線，這個時候是夏至；當太陽位於黃經180°時，太陽直射的地方又回到赤道，這個時候是秋分；當太陽位於黃經270°時，太陽光直射南回

歸線，這個時候是冬至。「二分」和「二至」是表示季節的轉捩點，「四立」表示季節的開始，是「二分」和「二至」中間的時間。

在二十四節氣中，大部分是反映氣候，表示溫度的有：小暑、大暑、處暑、小寒、大寒，表示降水和水氣凝結現象的有：雨水、穀雨、白露、寒露、霜降、小雪、大雪。

其他的節氣，則是反映物候現象和農事活動。「驚蟄」表示地下的小動物開始出土活動。「清明」表示草木繁茂，天氣晴朗。「小滿」表示夏熟作物籽粒開始飽滿，但是還未成熟。「芒種」表示麥類等有芒作物成熟的時節。

雙 春雙雨的由來

1984年甲子年有兩次立春和兩次雨水：第一個「立春」在舊曆正月初三（陽曆2月4日），第二個「立春」在舊曆12月15日（陽曆1985年2月4日），第一次「雨水」在舊曆正月十八日（陽曆2月19日），第二次「雨水」在甲子年最後一天，即大年三十（陽曆1985年2月19日）。可以遇到「雙春雙雨」是很難得的，因為甲子年六十年才輪一次，兩次立春和兩次雨水要在六個甲子年，即三百六十年中才會有一次。根據推算，上次的「雙春雙雨」的甲子年是在明代天啟年間，這是中國舊曆曆法人為編排的。

中國使用的舊曆，又叫做夏曆或農曆，是一種陰陽合曆。它的月份是以月亮圓缺一次的時間來決定，每隔二十九天半，月亮圓缺一次。所以，十二個月只有三百五十四天。陽曆是以地球繞太陽一周為一年，大約三百六十五天。這樣一來，舊曆比陽曆少十一天。為了彌補時差，使陰陽曆協調，我們的祖先用十九年加七個閏月（十九年七閏法）來調整，即與陽曆相符。

1984年甲子年正是閏年，於是就在十月置閏。這樣一來，1984年就有二十六個節氣。多出的後兩個節氣正是該年甲子年的第二次立春和雨水，這就是「雙春雙雨」的由來。

溫度計史話

世界上第一支溫度計是義大利科學家伽利略於1593年發明。那個時候的溫度計是將玻璃球附在管子的一端，管子裡藏著紅色液體，然後將管子倒放在水裡製成。使用的時候，將玻璃球與不同溫度的物體相接，利用管內空氣的熱脹冷縮測出物體溫度的變化，但是這種溫度計的準確性比較差。後來，伽利略的學生對這種溫度計進行改良，他們把管子的另一端也密封，並且用紅色的酒精來代替空氣，這樣準確性就大大提高。

華氏溫度計產生於1714年，德國科學家華倫海特用水銀代替酒精，由於水銀在零下三十九度才開始凝固，三百五十度才開始沸騰氣化，所以擴大測量溫度的範圍，一直沿用到現在。他把水在一個大氣壓下的冰點定為三十二度，把沸點定為二百一十二度，中間劃分為一百八十格，每格定為一度，這就是華氏溫度。

攝氏溫度計產生於1742年，把水在一個大氣壓下的冰點定為零度，把沸點定為一百度，中間劃分為一百格，每格定為一度，這就是我們經常使用的攝氏溫度。

三九、三伏

從冬至開始，每九天為一九，一直到九九，總共81天。冬至以後第十九天至第二十七天為「三九」，是一年中最冷的日子。有民謠：「一九二九不出手，三九四九冰上走，五九六九沿河看柳，七九河開，

八九燕來，九九加一九，耕牛遍地走。」又有：「春打六九頭」（或五九尾），即六九的第一天（或五九的第九天）立春，自此天氣漸暖。

　　三伏，是初伏、中伏、末伏的統稱。夏至以後第三個庚日是初伏第一天，第四個庚日是中伏第一天，立秋以後第一個庚日是末伏第一天。初伏和末伏各10天，中伏10天或20天。三伏通常也指從初伏第一天到末伏第十天的一段時間。三伏天一般是一年中天氣最熱的時候。

四象、三垣

　　「四象」，是中國古代用來表示天空東、北、西、南四個方位的景象，即東方蒼龍，北方玄武，西方白虎，南方朱雀。這是古人把每一方的七宿聯繫起來，想像成四種動物的形象，叫做「四象」。例如：東方蒼龍，從角宿到箕宿看成一條龍，角像龍角，氐、房像龍身，尾宿即龍尾。南方朱雀，從井宿到軫宿看成一隻鳥，柳為鳥嘴，星為鳥頸，張為嗉，翼為羽翮。

　　「三垣」，中國古代將全天的恆星分為三區，叫做「三垣」，即紫微垣、太微垣、天市垣。古人在黃河流域常見的北天上空，以北極星為標準，集合周圍其他各星，合為一區，叫做「紫微垣」。紫微垣外，在星、張、翼、軫以北的星區是太微垣，在房、心、尾、箕、斗以北的星區是天市垣。

中國古代計時的四個單位

　　中國古代計時的四個單位是時、更、點、刻。

　　時，也稱為時辰。古人把一晝夜分為12個時辰，用12地支表示，每個時辰等於現在的二個小時。古時與現時對照：子時從夜間十一點到次日

凌晨一點，丑時從一點到三點，寅時從三點到五點，依次類推，每隔兩小時分別為卯時、辰時、巳時、午時、未時、申時、酉時、戌時、亥時。

古人將夜裡的時間還分為更和點。一夜等分為五更，一更等於現在的二個小時，從晚上七時開始起更，一更指七時至九時，二更指九時至十一時，三更指十一時至次日凌晨一時，四更指一時至三時，五更指三時至五時。又將一更分為五點，古代的1點等於現代的24分鐘。例如：古人說「三更二點」，就是指夜間11時48分。

古人還將一晝夜等分為100刻，一刻大約是現在的14分24秒。古語的「頃刻」或「少頃」，都是指很短的時間。

伏的由來

每年夏日的7月中旬至8月中旬，是中國獨有的「三伏」節氣，並且都印在中國的日曆上，你知道「三伏」是怎麼來的嗎？中國從西元前776年至今，流行「干支紀日法」，即是把天干的甲乙丙丁戊己庚辛壬癸與地支的子丑寅卯辰巳午未申酉戌亥各取一個字，結合而得甲子、乙丑、丙寅……等六十組的不同名稱來記日子，每逢有「庚」字的日子叫做「庚日」。秦漢時期，盛行「五行生剋」的說法，認為最熱的夏天日子屬火，而庚屬金，火剋金（金怕火燒融），所以到庚日，金必伏藏。於是，規定從夏至日（陽曆6月21日或22日）以後第三庚日為初伏（有十天），第四庚日為中伏（有些年是十天，有些年是二十天），立秋（陽曆8月7日或8日）以後第一庚日為三伏（有十天）。這樣一來，三伏就有固定的日期。按照這種規定，可以算出伏天在陽曆的7月中旬至8月中旬。

伏天之所以酷熱，從太陽和地球關係上看，自春分日開始到夏天，太陽從直射赤道逐漸變為直射北回歸線。夏至是北半球一年中白晝最長的一天，這一天北半球地面接受的太陽熱量最多而散熱最少。但是一年中最熱

的日子不是夏至，而是夏至以後的伏天，特別是中伏天和三伏天。

撲克牌與曆法

撲克牌是曆法的縮影。在五十四張牌中，有五十二張是正牌，表示一年有五十二個星期。有兩張是副牌，大王代表太陽，小王代表月亮。一年四季春、夏、秋、冬，用桃、心、梅、方來表示，其中紅心和方塊代表白晝，黑桃和梅花代表黑夜。

每一季是十三個星期，撲克牌中每一花色正好是十三張牌。每一季是九十一天，十三張牌的點數相加正好是九十一。四種花色的點數加起來，再加上小王的一點，是三百六十五。如果再加上大王的一點，就是閏年的天數。

撲克牌中的JQK總共有十二張牌，既表示一年有十二個月，又表示太陽在一年中經過的十二個星座。

古時候年齡的代稱

古時候，對人們的年齡除了用年歲表示以外，還有許多代稱，例如：

總角，指幼兒。古代男女幼童的頭髮紮成兩個髻。《詩經‧衛風‧氓》中，有「總角之宴」詩句。

束髮，指童年，稍微大一點的孩子紮成一個髻。

髫年，髫，小孩的下垂頭髮，指童年。

及笄，是指用簪子挽髮，表示女子十五歲，已經成年。

笄，為古代簪子。

弱冠，冠歲，剛滿二十歲（古代二十曰弱，指年少）。

古代男子二十歲，即戴成人帽子行冠禮。超過二十歲，稱為「已冠」、「巾冠」。

妙齡，指青少年時代。

桃李年：指年輕女子。唐代詩人武元衡《代佳人贈張郎中》：「洛陽佳麗本神仙，冰雪顏容桃李年。」

而立之年，指三十歲。「三十而立」語出《論語》。

不惑之年，指四十歲。「四十而不惑」語出《論語》。

知天命之年，指五十歲。「五十而知天命」語出《論語》。

耳順之年，指六十歲。「六十而耳順」語出《論語》。

花甲之年，指六十歲。古時候以六十年為一花甲子。

從心所欲之年，指七十歲。「七十而從心所欲」語出《論語》。謝覺哉詩句：「正是從心所欲年，名傳環宇德齊天。」

古稀之年，已經超過七十歲，杜甫《曲江》：「酒債尋常行處有，人生七十古來稀。」

耄耋之年，一般泛指老年。耄，就是白髮，指七十歲以上；耋，指八十歲。

期頤，指一百歲。《禮記·曲禮》：「百年曰期頤。」「期」是指已到百年，「頤」是養的意思。

鼠佔先與十二生肖

清人趙翼在《陔餘叢書》的《十二相屬》與《十二相屬起於後漢》兩文中，已經詳細地考證十二生肖的來歷。

十二生肖是以地支與各種動物相配組成。因為地支在下，所以取各種動物的足爪，從陰陽上加以區分。子、寅、辰、午、申、戌都屬陽，配

以足爪為奇數的動物，例如：鼠、虎、龍、猴、狗都有五指，馬是單蹄。丑、卯、巳、未、酉、亥都屬陰，配以足爪為偶數的動物，例如：牛、兔、羊、雞、豬都是四爪；蛇無足，但是它的舌頭卻有兩岔，也歸於偶數一類。

問題是：為什麼子與鼠相配？據說，子雖然屬陽，但是也有陰的一面。例如：子時是昨夜十一時至今晨一時，昨夜屬陰，今晨屬陽。這種亦陰亦陽的屬性，老鼠也具備。鼠前足四爪，為偶數屬陰；後足五爪，為奇數屬陽。子和鼠均身兼陰陽，正相匹配。於是，老鼠壓過自己的同僚，在十二生肖中佔先。

十二生肖中，為什麼沒有貓？

為什麼十二生肖中沒有貓？因為十二生肖產生時，貓（即今日之家貓）還沒有加入「中國籍」。

中國干支紀年法的產生，最遲不會晚於商，因為甲骨文中已經有記載。貓的歷史比人類更長，但是漢代以前，中國只有野貓。根據考證，今天的家貓來自於印度的沙漠貓。印度貓進入中國，大約開始於漢明帝之後，因為那個時候，中印交往才經由佛教而頻繁起來，距離干支紀年法的產生，已經相差千年。

攝氏度的由來

「攝氏度」是目前世界使用比較廣泛的一種溫標，它是18世紀瑞典天文學家攝爾修斯提出來的。他把冰點定為一百度，沸點定為零度，其間分成一百等分，一等分為一度。但是在使用上，人們感到很不方便。第二年，攝爾修斯就把該溫度錶的刻度值顛倒過來使用。又隔兩年，著名博物

學家林奈也使用這種把刻度值顛倒過來的溫度錶，並且在信中宣稱：「我是第一個設計以冰點為零度，以沸點為一百度的溫度錶」。這種溫度錶仍然稱為攝氏溫標（又叫做百分溫標）。後人為了紀念攝爾修斯，用他名字的第一個字母「C」來表示。

氣預報十二個常用名詞的解釋

「今天晚上」指今天晚上8點到明天早上8點。

「明天白天」指明天上午8點到明天晚上8點。

「晴天」指天空中雲覆蓋面佔天空不到1／10。

「少雲」指天空中雲覆蓋面佔天空1／10～4／10。

「多雲」指天空中雲覆蓋面佔天空4／10～8／10。

「陰天」指天空中雲覆蓋面佔天空8／10以上。

「小雨」指24小時以內降雨量在10公釐以下。

「中雨」指24小時以內降雨量在10～25公釐。

「大雨」指24小時以內降雨量在25～50公釐。

「暴雨」指24小時以內降雨量在50公釐以上。

「平均溫度」指一天以內在2點、8點、14點、20點四個時刻測得的氣溫平均值。

「風向」指風吹來的方向。

與說話有關的一些事

信件的代稱

在古代，信件一般稱為「書」，也稱為「簡」、「箋」、「牘」、「劄」、「素」。「簡」是竹片，「箋」是小竹片，「牘」是木板，「劄」是小木板，「素」是白色的絹。古代因為沒有紙，這些東西都是寫信的材料。寫信所用的木板和白絹，長度通常都在一尺上下，所以又稱為「尺牘」或「尺素」。信件也稱為「函」、「緘」、「啟」。「函」原本指封套，「緘」原本指封口，信件是它們的引申義。「啟」作為信件的別名，表示陳述之意，與開啟之「啟」有別。

見公文的名稱及用法

公告：政府向國內外宣布重大事件的文告。

公報：公開發表的關於政治、經濟、軍事、文化、外交等方面情況的正式文告，也指由政府編印的登載各種官方文件的刊物。

通告：普遍通知的文告，在一定的範圍內，對群眾或機關團體公布應該遵守或是需要知道的事項。

通報：上級機關用書面形式通知或通告下級機關的文件。

布告：國家機關或人民團體張貼出來通知大眾。

通知：告訴人們某一件事情的文書，也可以口頭表述。

通電：公開發表的宣傳某種政治主張的電文。

通牒：一個政權通知另一個政權並且要求對方答覆的文書。

布告的種類

令，是公布法令或任免官吏的時候用的。

布告，是對公眾宣布事實或有所勸誡的時候用的。

通告，是政府機關對大眾發表事情的時候用的。

牌示，是政府機關在宣布簡單事情的時候用的，即把文件貼在木牌上。

給示，主管機關發給個人或團體以保護或使用某種特權的文告。

榜示，是機關或團體在考試揭曉的時候用的。

為什麼書信又叫做「尺牘」？

書信是應用文之中的一種，過去稱為尺牘。現在人們用紙寫信是很平常的事情，但是在古代，書信往往是寫在簡牘上。

《漢書》記載廣武君（李左車）謂韓信曰：「奉咫尺之書以使燕。」顏師古注：「八寸曰咫。咫尺者，言其簡牘或長咫，或長尺。」漢代初年，尚未有紙，所以削木簡作為書信。古製書簡的長短，大約一尺，所以尺書和尺牘就是漢代「咫尺之書」的遺語。

《漢書‧陳遵列傳》：「遵嗜酒，每大飲……略涉傳記，贍於文辭。性善書，與人尺牘，主皆藏去以為榮。」有些善於書法的人，往往炫耀自己的書法，形諸於筆翰，因此也經常被愛好書法的人所珍藏，以作書者本人而言，也極其希望可以得到收信者的重視和保護，例如：晉代時期的謝安，素善尺牘，王獻之雖然是書法名手，但是謝安卻輕視王獻之的書法，王獻之曾經特地以優美的書法寫信給謝安，以為必定會得到謝安的保存，不料謝安在接信以後，就在來信背面隨便題寫作答，王獻之對此非常憎恨。晉代雖然已經有紙和絹，當時王獻之與謝安通信，應該還是使用木簡，所以謝安可以在書簡背面寫下覆信。

晉代書法家王羲之「書祝版，工人削之，筆入木三分」，「祝版」是祭祀的時候書寫祝文的木版。由此可證，晉代仍然具有漢代時期尺牘的遺

制。

傅咸《紙賦》記載：「既作契以代繩兮，又造紙以當策⋯⋯夫其為物，厥美可珍⋯⋯攬之則舒，捨之則卷，可屈可伸，能幽能顯。」自從用紙寫信至今，實在是方便許多。

下的由來

「陛下」是封建時代臣民對皇帝的稱謂。「陛」原本是台階的意思，又特指皇帝座前的台階。封建皇帝臨朝時，陛的兩側要有武臣執兵器站列，以備不虞和顯示威風。群臣經常不能直接對皇帝說話，而是要由站在陛下的侍衛者轉達，以示皇權的崇高。後來，人們就用「陛下」作為對皇帝的直接稱呼，表示自己雖然是在對皇帝說話，但是在禮儀上還是不敢忘記自己本來沒有資格對皇帝說話，這些話應該由陛下侍衛者轉達。

書信中的問候語

朋友之間的通信，通常結尾的問候語有：文安、撰安、吟安、筆健、撰祺、著祺（「祺」，是吉祥之意）。

給親屬（長輩）的問候語有：金安、鈞安、頤安（「金」，貴；「鈞」，重，古制三十斤為鈞；「頤」，保養）。

弟子寫給授業老師的問候語有：教安、鐸安（「鐸」，為古代執政者傳布政教法令時用的大鈴。「鐸安」，意思是對老師傳道授業的銘感）。

寫給友人信件的問候語有：日安、時安、近安、福安、大安、金安、時禮、近祺。

同學之間的問候語多用：學安。

作者給編輯信函的問候語多用：編安。

給出差或旅遊在外的親友寫信多用：旅安。

書信中的問候語，還可以因為寫信的季節不同，選用相應的祝願詞，例如：春季用春安或春祺，夏季用夏安或暑安，秋季用秋安或秋祺，冬季用冬安或爐安。

此外，祝願康吉的書信問候語，可以用「時綏」或「時祉」（「綏」，意為平安；「祉」，意為幸福）。

床駙馬

「東床」一詞，出自晉代書法家王羲之找對象的故事。

當時的太尉郗鑑想要在王導家物色一位女婿，於是派人去王家挑選。這個人回來說：「王家的小伙子都不錯，個個顯得矜持拘謹。只有一位，在東廂的床上敞開衣襟吃飯，不加理會，好像沒有聽到似的。」郗鑑聽完這些話以後說：「這樣不做作的人，正是一位好女婿。」這個人就是王羲之，於是郗鑑把女兒嫁給他。後來，「東床」一詞就成為女婿的代稱。

「駙馬」一詞，剛開始的時候原本是官名，漢代就有「駙馬都尉」的官職，後來皇帝的女婿做這個官，因此「駙馬」成為皇帝女婿的專稱。

岳父與岳母

關於「岳父」與「岳母」稱呼的由來，一般的說法是：古代帝王經常登臨名山絕頂，設壇祭祀天地山川，晉封公侯百官，史稱「封禪」。唐玄宗於開元十四年到泰山封禪，中書令張說擔任封禪使。按照慣例，皇帝封禪之後，三公以下大小官員都會晉升一級，張說的女婿鄭鎰卻連跳四級，

由九品小官驟升為五品。在大宴群臣的時候，唐玄宗在席間看見鄭鎰的官位驟升，十分詫異，責問之下，鄭鎰瞠目結舌，無言以對。旁有伶人黃幡綽解嘲說：「此泰山之力也。」唐玄宗知道張說徇私，很不高興，立刻讓鄭鎰降回原職，後來就稱妻父為「泰山」。又因為泰山封嶽最早，被譽為「五嶽之首」，別稱岱宗。岱宗者，始、父之意。於是，世人又稱妻父為「岳父」，妻母為「岳母」。

胡說的由來

「胡說」一詞，開始於東晉之後，史稱這個時期為「五胡亂華」。胡人，即中國邊遠地區的少數民族，當時文化比較落後，因為西晉王朝腐朽，被他們攻進中原，並且趕走西晉統治者，控制中原。「胡人」控制中原，給中原地區帶來巨大動亂。由於以前漢族統治者說話和做事完全依照孔子學說作為根據，非禮勿言，非禮勿動，但是胡人卻不來這一套，他們說話和做事沒有任何禮法作為根據。因此，漢人把亂說和沒有根據的說話稱為「胡說」，把亂鬧和沒有原則的鬧事叫做「胡鬧」。在「亂」字之前加上一個「胡」字，稱為「胡亂」。「胡亂」者，胡人之亂也；「胡說」者，胡人之說也。與「胡說」和「胡鬧」對立的詞語，應該是「漢說」和「漢鬧」，但是辭典中卻沒有這些詞語。

敲竹槓的來歷

現在，人們經常把索要賄賂或訛詐財物之舉稱為「敲竹槓」。「敲竹槓」一詞源於何處？說起來還有一段有趣的故事！

清代末年，各地查禁鴉片甚嚴。有一個客商將煙土藏在竹槓和船篙中偷運，以逃避檢查。某一天，商船行至浙江省紹興碼頭，檢查官一行數人

上船檢查，並未發現煙土。這個時候，該關卡的一名司爺（文書人員）吸著旱煙走上船。他吸完旱煙以後，隨手將旱煙筒在船上的竹槓上敲幾下，敲得竹槓「咯咯」直響。客商以為露出破綻，一時之間慌了手腳，連忙掏出數兩銀子悄悄塞給司爺，以示請求包涵，不要再敲竹槓。從此，「敲竹槓」一詞就這樣流傳下來。

借光的由來

「借光」一詞，意思是叨擾或請人給予方便，例如：經過稠密的人群時，就說：「借光，借光。」看來它十分普通，但是它的來源卻很古老。根據《戰國策》記載，甘茂逃出秦國準備投奔齊國，出關的時候，遇見齊國的蘇代，甘茂說：「你聽過借光的故事嗎？村子裡的姑娘們輪流出油點燈，在村頭的房子裡紡線。其中有一位因為家貧出不起油的姑娘也來借光，但是其他姑娘想要把她攆走。那個姑娘懇求說：『因為我出不起油，所以每天早到遲退，為大家打掃屋子，安置座位，你們為什麼不可以讓我借一些光？』姑娘們一聽有道理，就不再攆她走。」蘇代聽完這個故事，就把他推薦給齊王。

七十二行的由來

「七十二行」的說法，人們經常以此來比喻社會上的各行各業，但是此說從何而來？根據宋周輝《清波雜志》記載，中國唐代的行業為「三十六行」，即：肉肆行、宮粉行、成衣行、玉石行、珠寶行、絲綢行、麻行、首飾行、紙行、海味行、鮮魚行、文房用具行、茶行、竹木行、酒米行、鐵器行、顧繡行、針線行、湯店行、藥肆行、扎作行、仵作行、巫行、驛傳行、陶土行、棺木行、皮革行、故舊行、醬料行、柴行、

網罟行、花紗行、雜耍行、彩輿行、鼓樂行、花果行。

徐珂《清稗類鈔・農商類》記載：「三十六行者，種種職業也。就其分工而約計之，曰三十六行，倍則為七十二行，十之則為三百六十行。」田汝成《西湖遊覽志餘》記載：「杭州三百六十行，各有市語。」據此，人們經常說的七十二行或三百六十行，並非行業的具體數字，而是各行各業的概稱而已。

破天荒的來歷

唐代科舉制度規定，凡是考進士的人，都由地方解送入試。當時，荊州南部地區四五十年竟然沒有一個考中。於是，人們稱荊南地區為「天荒」，意思是混沌未開的原始狀態，或是荒遠落後的地區，譏笑那裡幾十年沒有考上一個進士。唐宣宗大中四年，在荊南應試的考生中，有一個考中進士，總算破「天荒」。因此，古代文人經常用「破天荒」來表示突然得志揚名，現在用來指從未有過或第一次出現的新奇事情。

千里送鵝毛的由來

唐代貞觀年間，回紇使臣緬伯高遵照國王命令，帶珍珠寶物向唐朝進貢，同時還帶著一隻他們認為世間稀有的白天鵝。這隻白天鵝長得十分美麗可愛，緬伯高親自用籠子裝著護送。到了湖北沔陽地方，發覺天鵝非常口渴，就放牠到湖裡喝水，一不小心，天鵝展翅高飛，倉促之間，緬伯高只抓到一片鵝毛。這樣應該如何是好？他想來想去，只好硬著頭皮，把鵝毛用絲緞包裹好，並且附上自己寫的一首詩，送給唐太宗。詩云：「天鵝貢唐朝，山重路更遙；沔陽河失寶，回紇情難拋。上奉唐天子，請罪緬伯高；物輕人意重，千里送鵝毛。」唐太宗看完詩以後，感覺來使的心裡負

擔很重，就安撫一番，同時把天鵝毛誠懇地收下來，回送一些中原特產，例如：絲綢、茶葉、玉器之類，緬伯高轉憂為喜。他在中原住了一段時間，然後把答禮帶回去，還在回紇國王面前，大贊唐朝友好之情。後來，回紇繼續派遣使者歲歲來朝，並且積極進行文化交流。從此，「千里送鵝毛，禮輕人意重」就成為中國民間流行的口頭禪。

 露馬腳的來歷

相傳，朱元璋自小家境貧寒，年輕的時候與一位也是平民出身的馬姑娘結婚。這位馬姑娘長著一雙未經纏過的「大足」，在當時是一大忌諱。朱元璋當上皇帝以後，仍然感念馬氏輔佐有功，將她封為明朝第一位皇后。但是，「龍恩」雖然重大，深居後宮的馬氏卻因為腳大而深感不安，在人前從來不敢將腳伸出裙外。有一天，馬氏忽然遊興大發，乘坐大轎走上金陵街頭。有些大膽者悄悄瞧上兩眼，正巧一陣大風將轎簾掀起一角，馬氏擱在踏板上的兩隻大腳赫然入目。於是，一傳十，十傳百，頓時轟動金陵城。從此，「露馬腳」一詞也隨之流傳於後世。

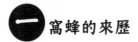 窩蜂的來歷

人們經常把許多人亂哄哄地同時說話或行動叫做「一窩蜂」。

「一窩蜂」最初是一個人的綽號。南宋建炎年間，爆發農民起義，有一支起義隊伍的領袖叫做張迂，他的綽號就叫做「一窩蜂」。南宋著名詩人陸游在《入蜀記》曾經記述：「建炎中，張迂號『一窩蜂』，擁兵過廟下……」這個綽號，大有揭竿蜂擁的氣勢。

到了明朝，人們就用「一窩蜂」來比喻人多聲雜的情景。吳承恩在《西遊記》第二十八回曾經寫道：「那些小妖，就是一窩蜂，齊齊擁

上。」在現代漢語中，從感情色彩上說，「一窩蜂」屬於貶義片語，但是從修辭學的角度來看，「一窩蜂」又是一種比喻手法，大多用來比喻人多勢眾，一擁而上的情勢。

不倒翁的來歷

現在，人們往往把「不倒翁」一詞作為貶義來解釋，殊不知，「不倒翁」原本是褒義詞。

春秋時期，楚國卞和在荊山得到一塊璞玉，此物外表看上去與石頭無異，然而卻是一塊真正的美玉。卞和兩次將此寶呈獻楚王，但是楚王總把它看作是一塊頑石，就以欺君之罪先後剁掉卞和雙足。卞和眼見無人識寶，就懷抱璞玉，痛哭於荊山之下。及至楚文王即位得知此事以後，立刻命令玉工將石剖開。果然，石去玉現，楚文王樂不自勝，命令製成玉璧，名之曰「和氏璧」。卞和這種不惜受刑堅持真理的精神，使楚文王大為感動，他稱讚卞和：「此人真是一個『扳不倒翁』！」於是，「不倒翁」一詞就傳至後世。

有眼不識泰山的來歷

這則成語中提到的泰山，不是指山東省境內的那座名山，而是中國古代的一位著名竹匠。根據傳說，中國春秋時代著名的木匠魯班，曾經招收一批徒弟。魯班十分珍視自己的聲譽，每隔一段時間，就要從這些徒弟中淘汰不成器者。在魯班的徒弟中，有一個叫做泰山的年輕人，看上去不良不莠，技藝長進不大，為了維護班門的聲譽，魯班毅然辭掉泰山。

事隔數年，有一次魯班帶著徒弟閒逛市集，突然發現貨攤上擺放許多做工講究的竹製傢俱，技藝達到爐火純青的地步，顧客爭相搶購。魯班想

要結識這位竹器高手，於是向人打聽。人們告訴他，是魯班大師的徒弟，赫赫有名的泰山所作。

魯班大吃一驚，想起當初錯辭泰山，感到後悔莫及，長歎一聲：「唉！我真是有眼不識泰山，這雙眼睛留著還有什麼用？」說完，立即把一隻左眼挖掉……從此，魯班使用一隻眼工作，不再嫉妒保守，把自己的技藝傳授給後代。後來的木匠為了紀念他，在檢查木條曲直的時候，總是把一隻眼睛閉起來，只用一隻眼睛看，據說也是為了這個道理。

杏林的由來

據傳，三國時期東吳名醫董奉，精通醫道，有妙手回春之術。他晚年居住在廬山腳下，為貧苦百姓治病不收診費，也不取藥錢。但是要求病人痊癒以後，到其房後山坡上栽種杏樹，以遺惠後人。他規定，重病治癒以後植三五株，小病治癒以後植一株，名為「康樂杏」，不到幾年時間，「康樂杏」遍布嶺前嶺後，鬱鬱蔥蔥。據說，現在廬山的杏樹，就是當年董奉的遺惠。

如今，我們稱讚醫德高尚和醫術精良的醫家，謂之「譽滿杏林」或「杏林高手」，均語出此典。

青春小考

「青春」一詞，原本指季節中的春季。它始於漢代，為史學家劉向首先使用。根據劉向《楚辭·大招》記載：「青春受謝，白日昭只。」意即春季降臨，萬物復甦，呈現蓬勃生機。此後七百多年之間，文人墨客使用「青春」一詞都是這個詞義。例如，杜甫詩作：「白日放歌須縱酒，青春作伴好還鄉。」唐玄宗時期，詩人王維賦予「青春」一詞全新含義，泛指

人們的青年時期。他寫下《洛陽女兒行》一詩，其中有兩句：「狂夫富貴在青春，意氣驕奢劇季倫。」於是，「青春」一詞逐漸失去春季的詞義，成為青年的代稱。

和尚一詞的由來

人們稱職業佛教徒為「和尚」，此名如何得來？原來，佛教認為，人們的生老病死都是痛苦的，其根源歸咎於各種欲望。為了擺脫痛苦，必須寡欲，必須進行修行，忍受人間的一切痛苦。因此，佛教的人生處世哲學是主張一切調和。「和」，即忍耐和服從。「和」是佛教徒所崇尚和必須遵守的，以「和」為「尚」，即是稱職業佛教徒為「和尚」的緣由。

座右銘的由來

東漢書法家崔瑗年輕的時候經常意氣用事，他因為哥哥被人殺害，大怒之下殺死仇人，隻身逃亡。幾年以後，遇到朝廷大赦，才回到故鄉。崔瑗自知因為一時魯莽而惹出大禍，吃足苦頭，就作銘（文體的一種）放在座位右側，用以自戒。後來，凡是把一些格言寫出來放在座位旁邊用以自勉，就叫做「座右銘」。

黎民與百姓

幾千年以前，中華民族的始祖炎帝和黃帝時代，部落之間經常進行兼併戰爭。在黃河流域，當時有幾個勢力比較大的部落，例如：黃帝族、炎帝族、夷族、九黎族，它們之間經過多年的征戰和融合，最後形成以黃帝

族為主以及炎帝族和夷族為輔的部落聯盟，共同戰勝九黎族。黃帝族、炎帝族、夷族的部落聯盟，是由大約一百個氏族構成，因此屬於這些氏族的人統稱「百姓」。在戰爭中抓到的九黎族俘虜，就稱為「黎民」。

百姓與黎民，代表奴隸主與奴隸的區別。

天知、地知、你知、我知

東漢時期，楊震是一個頗得稱讚的清官，他做過「荊州刺史」，後來調任為「東萊太守」。當他去東萊上任的時候，路過昌邑。昌邑縣令王密是他在荊州刺史任內薦舉的官員，聽得楊震到來，晚上悄悄去拜訪楊震，並且帶金十斤作為禮物。

王密贈送這樣的重禮，一是對楊震過去的舉薦表示感謝，二是想要透過賄賂請楊震以後再多加關照。可是，楊震當場拒絕這份禮物，並且說：「故人知君，君不知故人，何也？」王密以為楊震假裝客氣，就說：「暮夜無知者。」楊震生氣地說：「天知、神知、我知、子知，何謂無知！」王密十分羞愧，只好帶著禮物，狼狽而回。

然而，「天知、神知、我知、子知」被改為「天知、地知、你知、我知」，後來卻被人們反其意用之，成為訂立攻守同盟時的常用語。

新聞一詞的由來

在中國新聞史上，「新聞」一詞最早源於北宋末年出現的小報。

中國最早的報紙——邸報，大約開始於唐朝，它純屬官方報紙，主要登載皇帝的命令文告與臣下的奏章和官吏任免消息之類的政治文件。邸報發表的內容要經過嚴格審查，這樣一來，就會延誤傳遞的時間，讀起來也

枯燥無味，無法滿足一些官僚和地主階級知識份子想要知道宮廷內幕消息和政治動態的要求，於是小報應運而生。

北宋末年，一些中下級政府官員和書鋪主人秘密合作，將未經官方審查以及邸報尚未發表或是不準備發表的消息，私自「以小紙書之，飛報遠近」。當時，人們私下把這種小報叫做「新聞」。從此以後，「新聞」這個名詞就與報紙聯繫起來。

消息的由來

最早出現「消息」一詞是《易經》：「日中則昃，月盈則食，天地盈虛，與時消息。」這就是說，太陽到了中午就會逐漸西斜，月亮圓了就會逐漸虧缺，天地之間的事物，有些豐盈，有些虛弱，都隨著時間的變化而變化，有時候消滅，有時候滋長。從此以後，古人就把客觀世界的變化，把它們的發生、發展、死亡，把它們的榮枯、聚散、浮沉、升降、興衰、動靜、得失等變化中的事實稱為「消息」，也就是新聞。

八仙的來歷

「八仙過海，各顯神通」，這是人們經常說的一句成語，用來比喻在共同從事某項工作中，各人有各人的本領。根據民間傳說，八仙為漢鍾離、張果老、韓湘子、鐵拐李、呂洞賓、曹國舅、藍采和、何仙姑。關於他們的「出身」，可以演出一段故事。

說來真有意思，他們原本既不是神，也不是仙，而是八個頗享盛名的民間藝人。懷抱漁鼓的漢鍾離，是演唱道情的鼻祖；手執簡板的張果老，也是一個有名的說唱家；韓湘子擅長吹簫；何仙姑與藍采和是先後從宮廷逃出的兩名歌伎優伶；呂洞賓是一個善於編寫唱詞的藝術家；一瘸一

跛的鐵拐李，卻另有來歷，他年幼時期是一位宰相家的書僮，由於年少好學，瞟學詩書，竟然被打斷一條腿以後趕出相府，成為遊方藝人；其貌不揚的曹國舅，原本是一個連年不第的秀才，後來淪落民間為專門替大家婚喪喜慶喊禮的禮生。就這樣，每個人都有一段辛酸史。他們自願結合，遊方獻藝，由於技藝高超，被譽為「八仙」。此後，他們被神化而成為「仙人」。

無 事不登三寶殿的來歷

俗話說：「無事不登三寶殿。」「三寶殿」在佛教寺廟中，被稱為「寺中之寺」，只有比較大規模的寺廟才有。棲霞寺、普陀寺、少林寺都有藏經樓，裡面存放佛學書籍和釋迦牟尼佛像。每天，僧侶除了在大雄寶殿誦經拜佛以外，還要到「寺中寺」朝拜大慈大悲的釋迦牟尼佛像，所以藏經樓又被叫做「三寶殿」。所謂「三寶殿」，就是經書、佛像、僧侶的總稱。後來，人們就用「無事不登三寶殿，有事才到你家來」的俗話，比喻到「三寶殿」的都是有事者，無事者不會登「三寶殿」。

洛 陽紙貴

左思，字太沖，晉朝臨淄（今山東臨淄縣）人。他少年的時候，書讀得不好。他的父親左雍對朋友說，左思的學識不如他自己少年時候好。左思聽到這些話，心裡很難過，下定決心刻苦讀書，終於成為一個有學問的人，可以寫出好文章。後來，他寫三都賦，在思索內容、結構、造句上，總共花費十年時間。在構思的過程中，他曾經在室內、門前、牆壁、廁所等處掛著紙筆，無論走到哪裡，只要想到一個好句子，就隨時隨地記下來。等到他把作品寫成之後，由於寫得很好，當時京城洛陽有地位的人都

爭著買紙抄寫閱讀。於是，洛陽的紙張突然變得供不應求，價格大漲。

後人根據這個故事，把「洛陽紙貴」用來形容著作內容好，銷路很快，獲得廣大的讀者。

耕的由來

古代識字的人，以用筆給人抄寫為生，這種以抄寫為生就叫做「筆耕」，意思是：抄寫工作跟農夫耕種田地一樣辛苦。這個典故出於《後漢書》的注釋裡。

東漢的班超，年輕的時候就有為國立功的抱負，因為沒有機會，所以無法施展才能。有一年，他的哥哥班固被漢明帝召到洛陽去做校書郎，班超和母親也跟著去。他們家庭經濟不寬裕，班超經常給官府抄寫，取得一些報酬，藉以維持生活。日子久了，他感到厭煩和苦悶。有一天，他正在抄寫，突然把筆摔在地上激動地說：「丈夫獨不效傅介子（西漢時期，出使西域的名人），立功絕域之地以封侯，安久筆耕乎？」於是從軍，跟隨大將竇固出征，大敗匈奴，立下功勞。「筆耕」原本是班超的故事，現在我們使用筆耕這個詞語，是指勤奮寫作。與「筆耕」相近的詞語是「舌耕」，指古時候收徒講學以收取報酬為生的人。

知音的由來

相傳，春秋時期晉國大夫俞伯牙善彈琴，鍾子期善聽琴。俞伯牙彈琴意境表現高山，鍾子期聽完以後說：「好啊！峨峨兮若泰山。」俞伯牙彈琴意境表現流水，鍾子期聽完以後說：「好啊！洋洋兮若江河。」因此兩人成為知音好友。

有一次，俞伯牙出遊到泰山，適逢暴雨，躲在岩下，心情很不好，

於是開始彈琴。剛開始所彈的曲子表達下雨的感情，進而彈出雷鳴山崩的情緒。俞伯牙每奏一段，鍾子期都可以把他要表現的思想感情解釋得很清楚。俞伯牙將琴放下，哀歎地說：「好啊！你所理解的正是我所想的，我的琴聲逃不出你所解釋的範圍。」後來，人們把一個人對另一個人的瞭解稱為「知音」，至今廣為流傳。

匹夫的由來

有一句成語：「天下興亡，匹夫有責。」語出顧炎武的文章，意思是：國家的興旺和滅亡，平常人都有責任。「匹夫」作為普通人和平常人來解釋。為什麼稱普通人為「匹夫」？匹，原本是數量，古代四丈為匹。又言兩丈為一端，兩端為一兩，每兩就成一匹，長四丈。兩而成匹，相合的意思。按照這個意義，夫，男子；婦，女子。兩者也相合，所以叫做匹夫匹婦。男女相合，非常普通，後來匹夫和匹婦專門指沒有爵位的平民，匹夫匹婦成為普通人或平常人的代稱。《尚書‧咸有一德》：「匹夫匹婦，不獲自盡。」意思是：平常人，無法盡心盡力。段玉裁《說文解字注》：「雖其半，亦得云匹也……猶人言匹夫也。」也就是說：匹夫和匹婦可以拆開單獨使用，匹婦少用而逐漸淘汰，匹夫不僅是指男子，而是泛指普通人或平常人。《韓非子‧有度》：「賞善不遺匹夫。」句中「匹夫」就是指普通人。

現在我們所說的「天下興亡，匹夫有責」，意思是說：振興中華，每個公民都有責任。

掌故的由來

現在一些刊物上，凡是對於談論古代的軼事或事物的出處，都稱為

「掌故」。顧名思義，就是掌握故事。「掌故」原本是一種官職，從漢朝開始，「掌故」就是太常所屬太史令的官，專門管理國家歷史故事。根據《舊唐書・職官志》記載，當時朝廷設有「內侍掌故」和「州郡掌故」，分掌宮廷及各地流傳的故事，以致軼聞和考證。唐代的翰林學士，有些兼掌歷史沿革之職，也稱為「掌故」。

後來，歷朝的文人筆記，凡是收集有關上層社會人士的軼事，或是朝野遺聞與民間傳說，也統稱為「掌故」。現在，「掌故」在文體中，往往作為一種考古或典故敘述的性質，其中帶有一些知識性和趣味性的成分。

字文

中國南朝時期，有一個才子叫做周興嗣，滿腹經綸，一心想要為富民強國出力，但是幾次上書，皇帝都沒有採用。他懷才不遇，就在一塊白布上寫下「修補殘書」四個大字，用竹竿挑著去拜訪有學問的人。

有一天來到京城，有人看到他高挑「修補殘書」的布告，既驚訝又好奇，就回家找一些破書請他修補，一眨眼時間，他就把殘書修好了，字跡和內容與原書絲毫不差。這件事情很快轟動京城，有一個御史知道以後不相信，特地打扮成老百姓，拿一本殘書請他修補。周興嗣當場立刻修補完成，御史高興地拿書送給皇帝看，皇帝不相信世界上有如此博學的人，就命令周興嗣午後在皇宮門口伺候。皇帝看見周興嗣相貌堂堂，心裡暗喜，隨手從書架上找來一本被蛀蟲咬破的殘書，叫周興嗣修補。周興嗣看了以後跪著說：「萬歲，此書已經無法修補，但是我可以把這本書的精華摘錄出來，重編一本。」皇帝不相信地說：「從今天開始，你就在翰林院編書吧！」過了數日，周興嗣用一千字把書編製完成，並且給它取一個名字叫做「千字文」。皇帝一看，文章雖然短，四字一句，但是內容豐富，非常高興，立即給周興嗣封官。從此以後，周興嗣的名字隨著「千字文」一起

流傳下來。

三 隻手的來歷

「三隻手」一詞，源於古羅馬劇作家普勞圖斯的喜劇《一壇黃金》。該劇第四幕第四場中，老吝嗇鬼歐斯洛丟失一壇金子，他懷疑是僕人所為，僕人伸出手給他查看，看了一隻手，又看另一隻，最後不甘心還要看「第三隻」。於是，「三隻手」作為小偷的代名詞，被沿用至今。

羊 腸小徑

一般用「羊腸小徑」來形容細小而盤曲的險道，語出《淮南子‧兵略訓》：「硖（同「峽」）路津關，大山名塞，龍蛇蟠，卻笠居（卻笠：倒覆的斗笠，形容地形險要），羊腸道，發笱門（笱：捕魚器具，魚可入而不可出，形容地形險要），一人守隘而千人弗敢過也，此謂地勢。」但是，為什麼要用「羊腸」而不用「馬腸」或「牛腸」來比喻？其中有一定的科學依據，就是要從生物學的學說去說明，即羊腸比其他動物的腸子特別細長的緣故。馬腸的長度相當於體長的十二倍，牛腸的長度相當於體長的二十倍，羊腸比馬腸或牛腸更細長，總長度相當於體長四十倍，而且更為曲折。所以，用「羊腸」來比喻山路狹窄崎嶇是具體而貼切的。

姜 太公在此，百無禁忌

傳說姜太公分封諸神以後，諸神甚為滿意。惟獨姜太公的老婆掃帚星沒有封到神，整日囉囉嗦嗦，爭著要封神。

某日，姜太公的老婆又在告「枕頭狀」。姜太公聽完以後，大為不悅，隨口教訓：「一個婦道人家，整日爭名奪利，嘰哩咕嚕，就像一個窮神。」不料掃帚星一聽，高興得不得了，立即跳下床，以為姜太公封她為神，並且到處遊說，自鳴得意。怎麼曉得，老百姓卻把她恨得要死，因為她走到哪裡，哪裡就會變窮，就是原本富的地方，也因為她的到來而變窮。

有一位耿直的人將此情秉呈姜太公，姜太公大為驚訝，立即召集諸神，親筆寫下：「姜太公在此，百無禁忌。」以鎮住掃帚星的淫威。從此以後，人們為了避窮神圖忌諱，就在門上和屋內貼上「姜太公在此，百無禁忌」的字條，以阻止窮神為害，一直沿襲至今。

依樣畫葫蘆

北宋初年，有一個翰林學士叫做陶谷，在宋太祖趙匡胤的身邊擔任起草各種文告的工作。時間一長，他自以為有功，就向宋太祖討一個高官做。不料宋太祖卻說：「翰林學士起草文告，無非是參照前人的舊本，其間只是更換幾個字句，充其量是照葫蘆畫瓢而已，談不上有什麼貢獻。」陶谷深感失望，一氣之下作詩自嘲，其中有這樣兩句：「堪笑翰林陶學士，年年依樣畫葫蘆。」從此以後，「依樣畫葫蘆」就成為一句俗語，流傳在人們的口頭筆下。它經常用來比喻模仿別人，毫無創見。

莫須有

秦檜殺害岳飛，韓世忠問他：「你說岳飛謀反，證據在哪裡？」秦檜回答：「其事體莫須有。」韓世忠說：「莫須有三字，何以服天下？」這就是歷史上有名的三字獄。

「莫須有」如果解釋為「不須有、必須有」，都是錯誤的。「莫須」二字，為宋朝人口頭常談，即是「也許」、「恐怕」之意。劉克莊《雜記》：「方今人才……若就士大夫中求如（寇）準、（李）綱、（陳）康伯輩，莫須有人。」「莫須有人」即「也許還有人」。秦檜所說：「其事體莫須有」，用現代語翻譯出來，就是：「這件事情恐怕是有的吧！」充分暴露秦檜的專橫跋扈。

牛皮

黃河上游一帶，人們用牛皮或羊皮縫製成皮筏作為渡河工具，都是依靠人們用嘴巴把皮筏吹起來。對那些喜歡說大話的人，人們會對他們說：「有本事到河灘上吹牛皮。」後來，人們就把喜歡說大話叫做「吹牛皮」。

狗 咬呂洞賓

八仙之一的呂洞賓，是唐朝末年一個科場失意而棄儒取道的儒生。

呂洞賓有一個同鄉好友叫做苟杳。苟杳父母雙亡，孤身一人。呂洞賓看見他度日困難，就和他結拜成兄弟，並且請他到家裡居住。他希望苟杳苦心讀書，將來有出頭之日。苟杳十分感激，牢記呂洞賓的話，整日刻苦讀書。

有一天，一位姓林的客人來呂洞賓家，他看見苟杳一表人才，讀書用功，就對呂洞賓說自己想要把妹妹許配給苟杳。呂洞賓害怕耽誤苟杳的前程，於是婉言推託。苟杳得知以後卻動心，但是因為自己吃住都依靠呂洞賓，呂洞賓又推託此事，自己又有什麼辦法。呂洞賓知道苟杳的意思以後，就對他說：「林家小姐才貌雙全，早有所聞，你既然想要娶她，我也

不會阻擋，但是成親之後，我要先陪娘子住三天。」苟杏聽完以後不覺一愣，但是思前想後，還是咬著牙答應。

婚喜之日，一切儀式都進行完畢。掌燈時分，因為有前諾，苟杏將新娘引進洞房以後就躲開，洞房裡只有新娘一人。這個時候，呂洞賓走進洞房，一句話也不說，只是坐在桌前燈下，埋頭讀書。剛開始，新娘看見新郎如此用功讀書，心裡非常喜歡。但是等到半夜還是如此，實在無奈，自己只好和衣而睡。天明醒來，「丈夫」已經不見。接連兩夜，都是這樣。新娘暗自傷心落淚，不知道新郎為何這樣。

三夜過後，苟杏踏進新房，他看見妻子淚滿香腮，連忙上前賠禮。新娘只是低頭哭著說：「郎君為何三夜不共床同眠，只是讀書，天黑而來，天明而去？」這一問，問得苟杏目瞪口呆，過了一會兒才醒悟過來，雙腳一踩，仰天大笑：「原來哥哥害怕我貪歡，忘記讀書，就用此法激勵我，可是用心也太狠！」然後，就把這件事情對新娘前後說一遍。從此，苟杏刺股懸樑，奮發攻讀，京城應試，果然金榜題名當上大官。爾後，苟杏夫婦與呂洞賓一家灑淚而別，赴京上任。

過了八九年，有一天呂洞賓家不慎失火，除了人以外，一切都化為灰燼。因為生活所迫，呂洞賓只好沿路乞討，來到苟杏府上請求幫助。苟杏聽完以後對呂洞賓說：「一切敬請放心，小弟自有妥善安排。」一晃眼過了十天，除了每日盛筵招待，苟杏根本不談如何幫助呂洞賓。又過了一些日子，還是如此，呂洞賓懷疑苟杏不願意幫忙。又過了幾天，呂洞賓實在憋不住，就提出要回家，苟杏勸他再享受幾天清福。呂洞賓生氣地說：「你自己享受吧！」說完以後，揚長而去。

身無分文的呂洞賓，只好再沿路乞討，返回家鄉。在路上，遇到一個人同情他的處境，給他一些銀子，才使他早日到家。但是回到村裡，卻找不到自己家。有一個鄉居告訴他：「你們家已經蓋起新房，搬到村東。」呂洞賓來到村東的新房裡，看見妻子全身披孝，撫著一口棺材在嚎啕大哭。他大吃一驚，怔住半天，才輕輕叫一聲娘子。娘子轉身一看，驚恐萬

狀，懷疑是鬼怪，經過呂洞賓解釋以後才相信。

呂洞賓問明妻子以後，氣得把棺材砸開，只見裡面全部是金銀財寶，上面還放著一封信，取出一看，上面寫著：「荀杳不是負心郎，路送金銀家蓋房。你讓我妻守空房，我讓你妻哭斷腸！」呂洞賓看完以後，如夢初醒，深悔自己不識好人，錯怪荀杳。他苦笑一聲，然後說：「賢弟，你這一幫，幫得好狠啊！」自此，狗咬（荀杳）呂洞賓——不識好人心，就在民間傳開。

有 錢能使鬼推磨

唐代張固在《幽閒鼓吹》中，編造一段故事：有一個新鬼很瘦弱，忽然看見一個肥鬼，就問他為何可以如此肥健。肥鬼說：「你只要到人間作祟，人們害怕，就會給你東西吃。」於是，瘦鬼來到人間，看見某戶人家的廂房中有磨，就進去推磨。磨了半天，不僅沒有得到任何食物，自己也累得半死。

這個故事是說瘦鬼上當，但是肥鬼的原意是「作怪覓食」。也就是說，只要給予一定的利益，就可以使鬼為人推磨。因此，後來就把「錢能通神」這句話通俗化，成為「有錢能使鬼推磨」。

天 要下雨娘要嫁

「天要下雨娘要嫁」這句民諺，原本流傳於浙江寧波一帶。意思是說：天要下雨人力無法阻止，娘要出嫁子女沒有辦法。其實，這句話原本不是這樣說。原話是：「天要下雨糧要解」，「解」是「上繳」的意思。

據說，有一年秋天，農民剛把稻子割下，還沒有來得及脫粒和曬場，天空竟然下起大雨，一連十天，太陽沒有露過臉，淋到水的稻穀開始發

熱，那些掉落在地上的穀粒發芽了，農民們非常著急，但是官府命令農民三天以後把乾稻穀送到官衙，違者嚴懲不貸。眼看著期限逼近，可是雨依然下個不停，絲毫沒有放晴的兆頭。農民們著急地抬頭看著天空，撫摸已經開始發熱的濕稻，無可奈何地說：「天要下雨糧要解，叫我們怎麼辦啊？」這句出自千百人之口的怨言，很快就傳遍。此後，人們遇到無可奈何的事情，就會說：「天要下雨糧要解，真是沒有辦法啊！」因為「糧」和「娘」同韻，「解」和「嫁」發音相似，逐漸以訛傳訛，變成「天要下雨娘要嫁」。

十 惡罪的內容

「十惡不赦」，現在用來比喻罪大惡極而不可寬恕的人。「十惡」，原本指十條大罪，始見於一千四百多年以前的北齊法律。隋唐時期，把十條大罪的內容略微增刪，正式定名「十惡」，寫在法典的最前面，以示嚴重。後來，經歷宋、元、明、清，都規定犯下「十惡」罪不能赦免。古代「十惡」罪的內容是：

1. 謀反，指企圖推翻當時的王朝。

2. 謀大逆，指毀壞皇室的宗廟、陵墓、宮殿。

3. 謀叛，指背叛朝廷。

4. 惡逆，指毆打和謀殺祖父母、父母、伯叔等尊長。

5. 不道，指殺戮無辜。

6. 大不敬，指冒犯皇室尊嚴。

7. 不孝，指不孝順祖父母和父母，或是在守孝期間結婚作樂。

8. 不睦，即謀殺某些親屬，或是子女毆打和控告丈夫。

9. 不義，指官吏之間互相殺害，士卒殺長官，學生殺老師，女子聞丈

夫死而不舉哀，或是立即改嫁。

10. 內亂，指親屬之間通姦或強姦。

這是封建時代的產物，其內容有一部分在現在不能接受。但是，由於「十惡」成為「不赦」之罪，影響深遠而廣大，人們接觸到罪大惡極而不可寬恕的事情，很自然地稱為「十惡不赦」。

拍 馬屁

「拍馬屁」三個字的意思，每個人都知道，可是你也許不知道，其中還有一個故事！

明朝天啟年間，太監魏忠賢有一套高明的馴馬本領。當時，他尚未十分得寵，於是奏請皇帝在西校場賽馬，想要利用自己騎馬的本事來討皇帝的歡心。正好皇帝閒得發慌，於是降旨，命令京城武官參加賽馬。

9月9日，重陽佳節，金風送爽，正是賽馬的大好時光。那一天東方發白，成群結隊的老百姓到西校場看熱鬧。日上三竿，皇帝身穿龍袍，端坐輦車，百官相隨，浩浩蕩蕩來到西校場。隨著「咚咚咚」的炮聲，幾百匹馬就像離弦的箭，直往前竄。馬上的武官精神抖擻，高舉馬鞭，向馬背上拼命抽打，有些馬鞭都打斷了，就用手掌往馬背上拍，皇帝看得龍顏大展。魏忠賢等待炮聲響過，翻身上馬，他不揮馬鞭，只是在馬屁股上輕輕拍三下，只見坐騎四蹄騰空，快如閃電，往前追去，把別人的馬匹遠遠甩在後面，他的袍帶與馬尾巴拉成一線，在空中飛舞。剎時，就跑到終點，全場立刻沸騰，人人稱奇，都說騎馬不用鞭子打，還跑得這麼快，從來沒有見過。

皇帝問魏忠賢：「你騎馬不用鞭子打卻可以獨佔鰲頭，是從哪裡弄來的神馬？」魏忠賢雙膝跪下回答：「奴才的馬不是神馬，可以遙遙領先，主要是奴才識得馬性，想要馬跑得快，千萬不要強行，只要順著牠，在馬

屁股上輕輕拍三下。其實，駕馬妙法就在『拍馬屁』三個字。」皇帝聽完以後撫掌大笑：「愛卿可以知道畜生靈性，順其性而駕之，是一個大才大器。自從你進宮以來，所辦之事皆稱我的心，如我的意。從今以後，朝廷內外，事無大小，一律歸卿掌管。」魏忠賢聽完以後，連忙三呼萬歲，拜謝龍恩。

魏忠賢可以識得馬性，也可以識得天啟皇帝的心思，拍得皇帝稱心如意，天啟皇帝越來越寵愛魏忠賢。從此以後，魏忠賢掌管朝政，倒行逆施，顯赫一時。老百姓都說，魏忠賢可以到達這種地步，都是拍馬屁而來。

自此以後，把「拍馬屁」一詞用來形容那些阿諛奉迎者，就在民間傳開。

一 問三不知的來歷

根據《左傳・哀公二十七年》記載：晉國荀瑤率兵攻打鄭國，荀文子認為對敵情不瞭解，主張不可輕進，他說：「君子之謀也，始衷（中）終皆舉之，而後入焉。今我三不知而入之，不亦難乎？」《青溪暇筆》解釋：「俗謂忙遽曰三不知，即始中終三者，皆不能知也。」由此可見，所謂「三不知」，即對一件事情的開始、經過、結局都不瞭解。至於「一問三不知」，是人們長期依此演變而來。

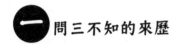

馬 虎 的 由 來

人們形容做事粗心大意、草率從事、不認真負責，經常會用「馬虎」這個詞語。關於「馬虎」一詞的來歷，有一段有趣的傳說。

宋朝時期，京城有一個畫家，有一次他剛畫一個虎頭，就有人請他畫

馬，於是他就在虎頭後面畫出馬身體。請他畫馬的人驚奇地問：「畫的是馬還是虎？」畫家回答：「馬馬虎虎。」隨後，就把這幅畫掛在牆上日夜欣賞。他的大兒子問他是畫什麼，他回答是虎，二兒子問他是畫什麼，他回答是馬。

後來大兒子去狩獵，遇見一匹馬誤認為是虎，就將馬射死，結果只好給馬主人賠償損失。二兒子在野外遇見虎，以為是馬，就要騎牠，結果被虎咬死。畫家痛心地把畫燒掉，並且做一首詩以自誡：「馬虎圖，馬虎圖，似馬又似虎。長子依圖射死馬，次子依圖餵了虎。草堂焚毀馬虎圖，奉勸諸君莫學吾。」從此以後，人們把做事不認真的人叫做「馬虎先生」。

 語的由來

英語與一些古老語言相比，是比較年輕的語言，但是它的形成和發展卻有不平凡的經歷。

西元5世紀，在歐洲大陸的撒克遜人和盎格魯人與朱特人，北渡海峽，來到不列顛，征服當地的部落，成為島上的主人。後來，他們就稱為盎格魯-撒克遜人，其使用的古日爾曼方言就成為盎格魯-撒克遜語，也就是古英語。

9世紀到10世紀，居住在斯堪地納維亞的北歐日爾曼人（即諾曼人），征服現在法國北部的高盧地區。但是諾曼人在語言和文化上，很快就被當地說古法語的高盧人同化。這些部分法語化的諾曼人，在11世紀又渡海北上征服不列顛，在九個世紀中統治英國，最後也逐步被當地人同化。這個時期，古英語吸收大量的古法語和法語化的希臘拉丁語詞彙，使英語的辭彙和語法結構發生巨大的變化。從16世紀開始，英語的發展進入近代英語和現代英語的時期。16世紀和17世紀的英語，以英國國王詹姆

斯欽定《聖經》英譯本和莎士比亞戲劇為代表，但是和現代英語還有很大差距。18世紀以後，英語的書面語和法語就和現在我們看到的基本上相同。

英語發展到現在，已經有七十萬個單詞，以及一套系統而科學的語法。目前，全世界使用英語作為日常用語的人口大約有七億，其中英國人只佔百分之八。

⬤OK 的由來

「OK」這個詞語，現在不僅風靡歐美，而且還席捲瀛寰。有些人把它譽為「迄今美國創造的用詞中，最非同凡響和卓有成效的一個字。」儘管如此，關於它的出典起源，七十年之前也是一個眾說紛紜的謎。美國人花費一百年的時間推本溯源，直到1941年，艾倫·瓦克爾·利德撰文解開這個謎，才使這兩個神乎其神的字母獲得一個戲劇性的結局。

1840年，美國紐約市出現一個俱樂部，它的成員全部是民主黨人馬丁·范布倫總統的擁護者，他們要支持范布倫競選連任。這個俱樂部的名稱，就叫做「OK」。

范布倫生性詭譎，才智敏捷，人稱「老金德胡克的紅狐狸」。他出生於紐約附近的一個名叫「老金德胡克」（Old Kindhood）的村莊裡。他的黨徒們受到他綽號的啟發，引用其故鄉兩個開頭的字母「OK」命名自己的俱樂部。後來，OK就成為他們相互之間聯絡的暗號密語。

這兩個奇異字母的出現，在他們的政敵中引起譁然猜議。他們百思不解，於是望文生義，說它是范布倫的前任總統傑克森與別人談話時，因為不善綴詞的緣故，把英語完全正確（all correct）一詞說成Oll Korrect而摘取過來。以訛傳訛的傳聞，直到利德將真情公布於眾為止。

還有一種說法是：它出自一個叫做「喬克濤」部落的美國印第安人之

口，他們居住在現在的密西西比河流域的阿拉巴馬州、路易斯安那州、密西西比州。當時，每當各部落的首領們在一起商討問題的時候，酋長聽著不同的提案經常點頭，說一聲「OKay」，表示贊同。

又有人說，這個詞語出自一個叫做奧巴代亞‧凱利的鐵路窮工人之口，他每次將自己名字開頭的字母「OK」寫在人們要他托運的包裹上，久而久之，就留傳下來。

還有一種解釋是：美國第七位總統傑克森是第一個使用這個詞語的人。

雖然說法不一，但是人們都認為，「OK」一詞是出自美國。

 **囉的由來**

「哈囉！」美國人打電話往往開口就是這個單字，用以表示問候與驚奇或是喚起注意，相當於中文的「喂」。這是英語中最常用的一個詞語。

據說，第一個用「哈囉」打電話的人，是發明電話的愛迪生。他是一個惜時如金而沉默寡言的人，他認為接通電話總是有人在，「哈囉」一詞就是他打電話向對方表示問候的口頭禪。然而，在19世紀末期剛發明電話不久時，許多美國人還不相信電話會傳送聲音，總是反覆地問：「你是在那裡嗎？」現在的美國人，已經用「哈囉」這個單字取代這個疑問詞。

科學家一詞的由來

我們經常說某某科學家，但是你知道科學家這個詞語的來歷嗎？古時候，雖然有從事科學事業的人，但是沒有「科學家」這個稱呼。「科學家」一詞誕生的時間大概是在1840年，創造這個詞語的是英國劍橋

大學歷史學家兼哲學家費米爾，他說：「在一般科學領域裡孜孜不倦的耕耘者，我們急需給予他們一個適當的稱謂，我想要稱呼他們為『科學家』。」「科學家」這個詞語在拉丁文中是「scien」，即瞭解的意思；法文是「science」，泛指一切學習的形式；德文是「Die Wissenschaft」，可與科學通用。有些人曾經對科學家做出這樣的評語：他們具有「敏銳的觀察，精細的實驗，謹慎的分類，證據的收集，結論的研判」的素質。

是不是有「科學家」這個詞語以後，才相繼出現「天文學家」等名稱？不是。「科學家」這個詞語，與「天文學家」和「化學家」等稱謂有早有遲。例如：「天文學家」大概在1400年以前的英文文獻已經有記載。「數學家」的名稱比「天文學家」晚二十多年才發現。「化學家」出現在14世紀。「動物學家」和「植物學家」在17世紀才有。「生物學家」、「心理學家」、「地質學家」大概出現在18世紀。只有「物理學家」與「科學家」幾乎同時問世。

開卷有益的由來

「開卷有益」是一句鼓勵人們讀書的話，意思是說：只要你經常打開書本讀下去，一定會有所收穫。但你是否知道它的出處？這是一句成語，原本出自宋太宗趙光義之口。根據宋人王辟之所著《澠水燕談錄》記載：「太宗日閱《御覽》三卷，因事有缺，暇日追補之，嘗曰：『開卷有益，朕不以為勞也』。」所提《御覽》，係指《太平御覽》，為宋朝初年四大類書之一。該書由宋太宗親命大臣李昉等人編纂，自太平興國二年，初名《太平編類》，或稱《太平類編》。全書共一千卷，引書浩博，多至一千六百九十種。其中漢人傳記百餘種，舊地志兩百餘種，皆為當今佚書，因此是一部十分珍貴的大型類書。書成，即呈皇帝御審。宋太宗每天閱讀三卷，即使有事情耽誤，也要趁空閒時間補讀。因此，「不以為勞」，花費一年的時間，堅持把這部洋洋巨著從頭至尾全部讀完，並且親

作題簽，將其更名為《太平御覽》。這就是「開卷有益」及《太平御覽》的由來。

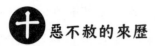惡不赦的來歷

「十惡不赦」的說法，初見於唐朝。根據唐律的規定，十惡大罪的具體內容如下：一曰謀反，即以各種手段反對以專制君主為代表的封建國家統治的行為。二曰謀大逆，即預謀毀壞宗廟山陵及宮闕的行為。三曰謀叛，主要是指本朝官吏背叛朝廷而投奔外國或投降偽政權的行為。四曰惡逆，主要是指毆打和謀殺尊親屬的行為。五曰不道，是指殺死無罪者或殺人以後而肢解的行為。六曰大不敬，凡是對專制君主的人身及尊嚴有所侵犯之行為，都認為是大不敬。七曰不孝，就是子女不事父母者。八曰不睦，即親族之間互相侵犯的行為。九曰不義，就是卑下侵犯非血緣尊長的行為。十曰內亂，即家族之間犯姦的行為。

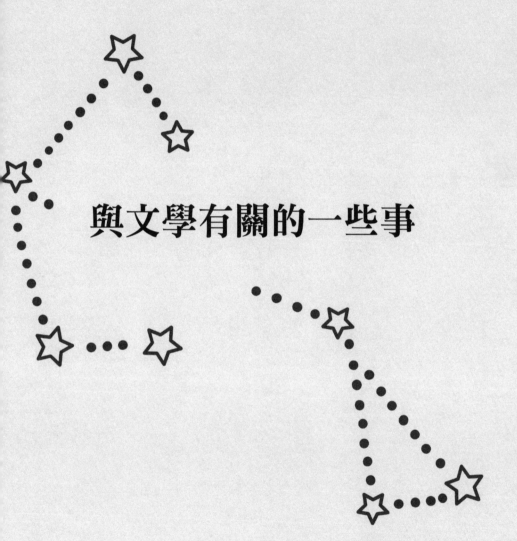

與文學有關的一些事

十二位名人奮鬥時間表

俗話說：「涉淺水者得魚鱉，入大海者擒蛟龍。」請看十二位名人的奮鬥時間表：

曹雪芹寫《紅樓夢》：10年

孔尚任寫《桃花扇》：5年

司馬遷寫《史記》：8年

司馬光寫《資治通鑑》：19年

談遷寫《國榷》：27年

密爾頓寫《失樂園》：27年

達爾文寫《物種起源》：28年

哥白尼寫《天體運行論》：30年

徐霞客寫《徐霞客遊記》：34年

摩根寫《古代社會》：40年

馬克思寫《資本論》：40年

歌德寫《浮士德》：60年

關於妻子的各種稱呼

小君：最早稱為諸侯的妻子，後來作為妻子的通稱。

細君：從字面上看比較文雅，但是意思與「小君」相同。

內人、內子：從前丈夫對別人謙稱自己的妻子。源出於舊觀念，認為男子主外，女子主內。

室人：多數是對別人妻子的稱呼。

拙荊、山荊：源出「荊釵布裙」，原本是指東漢梁鴻的妻子孟光樸素的服飾，後人用來作為妻子的謙詞。

荊妻、荊室：除了表示自謙，還有貧寒之意。

髮妻：古時候婚喜之日，男女都要結髮為髻，男子從此把頭髮挽在頭頂上，為表示是原配，稱妻子為「髮妻」。

糟糠之妻：表示曾經與自己同甘苦共患難的妻子，源出東漢宋弘所說「貧賤之知不可忘，糟糠之妻不下堂」。

繼室、續弦：古人經常以琴瑟比喻夫妻關係，所以將妻歿再娶稱為「續弦」。

內助、中饋：指家庭事務包括伙食在內，均由妻子操持，帶有封建夫權的色彩。稱「賢內助」是尊稱。

內掌櫃、內當家：古時候稱掌權的妻子為「內掌櫃」和「內當家」，後來作為恭維別人妻子的稱呼，以及自己對妻子的愛稱。

堂客：江南一些地方對妻子的稱呼。

家裡、屋裡：中國南方一些地區對妻子的稱呼。

太太：人們對官員豪紳妻子之稱呼。

夫人：原本是對古代諸侯妻子的稱呼，近代在外交場合也用於對別人妻子的尊稱。

至於妾、姬、小妻、小星、如妻、如夫人、側室、偏房、副妻，均為古時候對小老婆的稱呼。

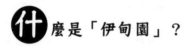

什麼是「伊甸園」？

「伊甸園」出自《舊約全書‧創世紀》的神話故事。

上帝把地上的塵土造成人形，然後吹進生命的氣息，這個土人就變成有靈魂的活人，他就是最早的男人亞當。為了安置亞當，上帝在伊甸的東邊開闢一個園子，這就是伊甸園。

園中長有生命樹和分別善惡樹，上帝要亞當看管，並且吩咐他：「園中的各種果子都可以吃，只有那棵分別善惡樹的果子不能吃，吃了必死。」上帝要給亞當配置一個助手，就在他沉睡的時候從他的身上取出一根肋骨，造成一個女人，她就是夏娃，於是亞當和夏娃結為夫妻。

後來，夏娃在蛇的欺騙挑唆下，偷吃分別善惡樹的果子，還把果子送給丈夫亞當吃。上帝發現以後，對他們進行懲罰。為防止他們偷吃生命樹的果子，上帝把亞當趕出伊甸園，要他歸於塵土，耕種土地。

這個神話廣泛流傳於歐洲，許多文學作品引用這個神話故事，把伊甸園比喻為生命之根。

古代的幾種尊稱

「父」，本義不是父親，而是父系氏族社會中司火的長者，後來成為男子的尊稱。在古代，不僅一般人，就是帝王對大臣中某些功高位重者也尊稱為「父」。例如：周代的呂尚（俗稱姜太公），被周武王尊為尚父；春秋時期的管仲，被齊桓公尊為仲父；項羽的謀士范增，為項羽亞父。

「公」，也是對男子的尊稱。在古代，不僅貴族之間，平民之間也稱為「公」。甚至父親對兒子說話，有時候也以「公」相稱，用以表示慎重。例如：晁錯的父親曾經對晁錯說：「公為政用事……吾去公歸矣。」

「子」，古代也是尊稱，專門用於學生對老師的尊稱，例如：北宋時期，程頤的弟子稱程頤「子程子」。「子」，也稱女性。

「長者」，也是古代常用的尊稱。「長者」不是年長，而是有德行受到尊敬之人。

「卿」，在古代稱謂中，有時候用為官爵，但也是一種尊稱。君稱臣為「卿」，在戲曲舞台上還可以聽到。夫妻之間稱「卿」或「卿卿」，在詩詞中經常可以見到。

什麼是珍本、抄本、孤本？

讀書（特別是古書）要懂得一些知識，例如：瞭解什麼是珍本、抄本、孤本……

珍本：珍貴的書籍或文學資料，例如：罕見的文獻，極有價值的古舊圖書資料。珍本貴在「難得」。

抄本（寫本）：手抄的書籍。現存最早的抄本書，是西晉元康六年寫的佛經殘卷，因為當時還沒有印刷術。《永樂大典》和《四庫全書》，卷帙浩繁，一時難以刊刻。

抄本經常因為是名家手跡、接近原稿、保存完整等原因，十分珍貴，例如：鑄雪齋抄本《聊齋志異》，保存篇章比較多，原稿卻散失一半，因此成為刊印該書的主要依據。

孤本：僅存一本的圖書，也包括僅存一份的某書的某種碑刻的舊拓本和未刊刻的手稿。現存世界最早的印刷品——中國唐代（西元868年）印刷的《金剛經》卷子，就是孤本。

書的幾種版本

影印本：覆在原書上影寫而成的書本。用質薄而堅韌的紙張，蒙在所據底本上，照其點畫行款，一筆不苟地描寫，酷似原本，非常精細。

套印本：幾種顏色套印的書本。最早為朱墨兩色套印，明代以後發展

至三四色，多至五色。

百衲本：用不同版本的殘卷零頁配合或彙印而成一部完整的書本。百衲，取僧衣破敝補綴之稱。

原本：第一次寫成或刻成的書本，是對增訂、修改、重刻、改版而言。

副本：同一書籍抄出的複本。同書的同一來源的另一本子，也稱為副本，是對正本而言。藏書家得一罕見圖書，依樣重寫，也稱為副本。

別本：同書的另一來源的本子，也稱為「異本」。

節本：圖書經過刪節以後印行的版本。

文學泰斗是什麼意思？

文學泰斗是指有名望和影響力，被人們所景仰的文學家。「泰斗」是「泰山、北斗」的簡稱。根據《新唐書・韓愈傳》記載：唐朝文學家韓愈，善於寫古文。他死後，其文章廣為流傳，當時的學者「仰之如泰山、北斗」。

起初，人們把韓愈比喻為「泰山、北斗」，是表示對這位文學家的推崇和景仰之情，後來就用「泰山、北斗」來比喻在某一方面成就優異，在社會上有名望和影響力的人。

印度的泰戈爾，是著名的作家和詩人，他的創作對印度近代文學的發展有重要的影響，所以人們經常稱他為近代印度的文學泰斗。

古人寫作的體例

古人寫作的體例，大致可以分為「著作」、「編述」、「抄纂」三大

類。

　　按照古代的要求，「著作」是指創造性的文章而言。前人沒有闡發或記載的第一次出現的文章或書籍，才可以稱為「著作」。

　　「編述」，在許多可以憑藉的資料基礎上，加以提煉製作的文章，就像現在的「改編」。

　　「著作」，古代稱為「作」；「編述」，古代稱為「述」。孔子的「述而不作」，嚴格區分這兩種體例。

　　「抄纂」，資料的彙編，古代稱為「論」。「論」的本字應該是「侖」，排列或編纂成輯之意。

史 書的體例

　　紀傳體：紀傳體史書創始於西漢司馬遷《史記》，它以人物傳記為中心，用「本紀」敘述帝王，用「世家」記敘王侯封國和特殊人物，用「表」聯繫年代和世系與人物，用「書」或「志」記載典章制度，用「列傳」記載人物和民族與外國，歷代編修正史都以此為典範。

　　編年體：編年體史書按照年、月、日順序編寫，以時間為經，以事實為緯，《左傳》和《資治通鑑》都屬於這一類。

　　紀事本末體：創始於南宋袁樞《通鑑紀事本末》。這種體裁的特點是以歷史事件為綱，重要史事分別列目，獨立成篇，各篇又按照年、月、日順序編寫。

　　通史：連貫地記敘各個朝代歷史的史書稱為通史，例如：西漢司馬遷《史記》也可以稱為通史，因為它記載上自黃帝下至漢武帝歷時三千多年的史實。

　　斷代史：記載一朝一代歷史的史書稱為斷代史，創始於東漢班固《漢書》。《二十四史》之中，除了《史記》以外，其餘都是斷代史。

此外，還有記載各種專門學科歷史的史書稱為專史，例如：經濟史、思想史、文學史。

古代史書的幾種體裁

本紀，按照時間順序編寫的帝王簡史，以記載帝王的言行為中心，兼述當時的政治、經濟、軍事、文化、外交等重大事件。

表，用表格的形式，譜寫人物和事件。

書，有關各種典章制度以及某些自然與社會現象的專編。

世家，用來記載王侯封國以及歷史上重要人物的活動。

列傳，主要是人物傳記。

史書的種類

中國的史書卷帙浩繁，種類很多，大致可以分為下列五種。

正史：以紀傳體或編年體的體例，記載帝王政績、王朝歷史、人物傳記，以及經濟、軍事、文化、地理等方面的史書稱為正史，例如：通常所說的二十四史。除了少數是個人著述（司馬遷《史記》）以外，大部分的正史都是由官員撰寫的。

雜史：只記載一事之始末、一時之見聞、一家之私記，是帶有掌故性質的史書。

別史：主要指編年體或紀傳體之外，雜記歷代或一代史實的史書，有時候與雜史難以區分。

野史：有別於官撰正史的私家編寫的史書。

稗史：通常指記載閭巷風俗與民間瑣事以及舊聞之類的史籍，例如：

潘永因的《宋稗類鈔》，徐珂的《清稗類鈔》。有時候也用來泛指「野史」。

什麼時候開始有線裝書？

有些人認為，漢代已經有線裝書在書市出售。其實，漢代有書市，但是沒有線裝書。

中國古代的紙本書，經歷卷軸和冊頁兩個階段。卷軸由卷、軸、縹、帶組裝而成，漢代和唐代只有這種卷軸形式的書。現在我們看到掛在牆上的軸畫和書法，就是卷軸裝的遺風。晚唐以後，卷軸書向冊頁書過渡，其裝訂方法又有各種演變，經歷輕折裝、旋風裝、蝴蝶裝、包背裝，明代時期正式出現線裝本的冊頁書。

漢代時期雖然發明紙，但是當時的書寫材料竹或木還是大宗，其次是帛。紙寫書，從文獻記載和考古發現中，都沒有充分證據可以說明在漢代（尤其是西漢）已經普及。

什麼是「經、史、子、集」？

經、史、子、集，是中國圖書分類的名稱，統稱「四部」，又可以分為甲部、乙部、丙部、丁部。

「經部」是儒家的經典，經部之下又有小類。清代《四庫全書》經部之下，分為：易、書、詩、禮、春秋、孝經、五經總義、四書、樂、小學十類。

「史部」即歷史，包括各種體裁的歷史著作。清代《四庫全書》史部之下，分為：正史、編年、紀事本末、別史、雜史、詔令奏議、傳記、史

鈔、載記、時令、地理、職官、政書、目錄、史評十五類。

「子部」，包括政治、哲學、科技、藝術等書籍。清代《四庫全書》子部之下，分為：儒家、兵家、法家、農家、醫家、天文演算法、術數、藝術、譜錄、雜家、類書、小說家、釋家、道家十四類。

「集部」，收集歷代作家的散文、騈文、詩、詞、散曲集，以及文學評論和戲曲著作。清代《四庫全書》集部之下，分為：楚辭、別集、總集、詩文評、詞曲五類。

這種四部分類法，自唐代至今已經有一千三百多年，作為一種傳統分類法，它在類分中國浩如煙海的古籍時，產生相當大的作用。

 的來歷

中國的圖書，歷來以「冊」為單位，這是因為「冊」這個圖書單位，具體地反映中國古代圖書的特點。早在三千多年以前，中國就有正式的書籍，根據《尚書》記載：「惟殷先人，有典有冊」，「典」和「冊」就是當時的書籍。那個時候的書是竹子做的，將刻字的竹簡一根一根地穿連起來，就成為書。「冊」象徵竹簡，「一」象徵繩子，用繩子把竹簡穿連起來，就成為「冊」。在這裡順帶說明，把「冊」放到書案上，就成為「典」。「典」分為「六」和「曲」，「六」象徵書案，「曲」象徵書冊，我們現在把「典」當作圖書代號，就是由此而來。

🔵卷 的來歷

還沒有發明紙以前，書是寫在竹簡上，但是因為笨重，閱讀的時候不方便，後來就改寫在絲織品上。在絲織品上寫的書，稱為「帛書」。為了便於保存，就把「帛書」依照篇幅長短做裁剪，然後再折疊起來或是捲起

來。捲起來保存更為方便，就出現一卷一卷的書，「卷」也成為計算書籍數量的單位。現在雖然不用絲織品做書，但是還在沿用「卷」這個稱呼。

暢銷書的起源

「暢銷書」（Best seller）一詞，最初起源於美國。

1895年，美國《讀書人》雜誌登載十九個城市的書店最暢銷的六本書的書名，被認為是歷史上第一張暢銷書單。1897年，這家雜誌又發表全國「銷售最好的書」的書單。

自從1903年開始，《讀書人》雜誌每期公布本月銷售最好的六本書，稱為「暢銷書六冊」。「暢銷書」一詞在這個時候，首次正式出現。此後，「六冊暢銷書」隨即出現在全國各家書店最顯眼的櫃檯上。

第一次世界大戰以後，「暢銷書」這個詞語逐漸普及到美國以外的各國出版界。

猶太教和基督教的《聖經》

「聖經」一語，在大部分歐洲語言中的名稱，都是來自希臘語「書」一詞，漢文譯者譯為《聖經》，給這部書增添神秘色彩。《聖經》是一部宗教法典，分為《舊約全書》和《新約全書》兩部分。《舊約》總共有三十九卷，原本是猶太教教義的神學經典，後來基督教興起，被其全部繼承過去，稱為《舊約》，用以區別基督教形成之後編成的《新約》。

《舊約》也是一部反映巴勒斯坦地區古代社會生活的文學作品和文獻彙編，收錄西元前13世紀至西元前3世紀的民間傳說、神話、史詩、詩歌、寓言、諺語、歷史、先知言行錄、宗教政治論著、宗教教條和戒律。

《新約》總共有二十七卷，基本形成於西元2世紀，用希臘文寫成，記載耶穌生平言行、聖徒行傳、福音故事，以及耶穌為聖徒們所寫給各地教會和個人的書信。

古籍名稱的由來

初涉古籍的人，往往為古籍的名稱所惑，不知道是什麼意思。其實，古人著作集名的由來，也是有規律可循。

以作者本名做集名，例如：唐代詩人杜審言的詩集稱為《杜審言集》。

以作者的字或別號做集名，例如：曹植，字子建，集名《曹子建集》。

以作者的籍貫做集名，例如：唐代張九齡為曲江（今屬廣東）人，集名《曲江集》。

以作者曾經居住的地名做集名，例如：杜牧有別墅在樊川，集名《樊川文集》。

以作者的官銜做集名，有些是用作者曾經擔任官職中最高的官銜做集名，有些則以作者詩文創作比較多或是成名時的官銜做集名，有些是以作者做官時所在的地名做集名，例如：杜甫一生最高曾經擔任檢校工部員外郎，集名《杜工部詩集》。

以作者的封號或諡號做集名，例如：南北朝時期，謝靈運襲封康樂公，集名《謝康樂集》；北宋司馬光封溫國公，諡文正，集名《溫國文正司馬公集》。

以作者的堂名或室名做集名，古代士大夫除了住室之外，還有專門讀書和藏書的處所，多以堂、室、齋、居、軒、亭、庵、館為名，並且以此給自己的文集取名，例如：明代湯顯祖家有玉茗堂，集名《玉茗堂全

集》；清代袁枚居處築有隨園，集名《隨園詩話》。

以成書年代做集名，例如：唐代白居易和元稹的詩文集編於穆宗長慶年間，集名《白氏長慶集》、《元氏長慶集》。

以上幾種命名方法，有時候交互使用，就會造成同書異名的現象。

 案小說溯源

先秦兩漢法律文獻中的案例，以及史書中的清官循吏的傳記，是公案小說的先導，可以說是它的醞釀期。

魏晉南北朝「志怪」小說中的神鬼與獄訟相結合的作品，可以說是公案小說的萌芽。

中唐至五代的筆記（傳奇）小說，以及法醫學著作中出現的公案故事，說明此時公案小說已經成型。

到了宋代，隨著城市人口的激增、階級鬥爭的激化、民事案件的增多，以及市民在審美趣味方面的新需求（喜歡聽曲折離奇和觸目驚心的獄訟故事），公案作品大量產生，品種增多，藝術上也日趨完美，是公案小說的成熟期。

海報溯源

海報這個名詞，含有通告給眾人看的意思。其實，海報並非現代流行的公告形式，遠在古埃及時代已經產生。根據考古學家的發現，在埃及廢墟裡殘存的牆上和椿子上有壁畫的存在，這種壁畫表示公告群眾將有某種事情發生，可以說是最早的海報。

到了羅馬時代，海報的運用更為普遍。每當競技場上將有比賽和決

鬥的演出之前，各處都會張貼海報來宣傳。發明印刷術之後，海報出現的形式更為活躍，不僅可以張貼，而且可以手傳。1796年，平版印刷術問世，給海報加上各種色彩與圖案，更增添宣傳效果。

袖 珍本的來歷

在出版物中，人們通常把那些版本比較小的書籍稱為袖珍本。你知道袖珍本的來歷嗎？早在漢晉時期，中國就有版本比較小的書籍，叫做《巾箱本》。巾箱，是古時候裝頭巾的小篋，書籍可以放在巾箱裡面，可見其小。清代乾隆年間，武英殿刻印的《經史》，剩下許多小版本頭，棄之可惜，於是仿造古人巾箱之意，刻印武英殿袖珍本書《古香齋袖珍十種》，這就是袖珍本這個名詞的來歷。

現在，出版發行的一些工具書，例如：字典、英語辭彙手冊、地圖、英漢小詞典，也有很多袖珍本。

打 油詩的來歷

唐代張打油善為詩，所用皆是俚語俗話，詼諧易懂，暗含譏嘲。後人將這類詩歌冠以其名稱為「打油詩」，還有一段有趣的故事。

有一年冬天，一位大官去祭祀宗祠，進殿看見牆壁上有一首詩：「六出九天雪飄飄，恰似玉女下瓊瑤，有朝一日天晴了，使掃帚的使掃帚，使鍬的使鍬。」此官大怒，下令要查出作詩人治罪。有人稟告：「大人，不必查了，寫這種詩的不會是別人，一定是張打油。」於是，張打油被抓來見官。他上前一揖，然後說：「大人，我確實喜歡胡謅幾句詩，但是本事再不濟，也不會寫出這種詩。如果不相信，我可以當場面試。」大官一聽，口氣不小，決定試探一下，就以當時安祿山兵困南陽郡為題，令

其作詩。張打油也不謙讓，脫口吟道：「百萬賊兵困南陽」，大官聽完以後說：「好氣魄，起句就不尋常！」張打油微笑又吟：「也無援救也無糧」，大官摸著鬍子說：「差強人意，再念。」張打油一氣呵成後三句：「有朝一日城破了，哭爹的哭爹，哭娘的哭娘！」眾人聽了，哄堂大笑，把這位大官也逗得忍俊不禁，最後終於饒恕他。從此以後，張打油遠近揚名，他所創的「打油詩」也因此而得名，廣為流傳。

腹稿的由來

「腹稿」的典故，出自王勃寫作的故事。《新唐書·王勃傳》記載：「勃屬文，初不精思，先磨墨數升，則酣飲，引被覆面臥，及寤，援筆成篇，不易一字，時人謂勃為腹稿。」據說，王勃在寫作《滕王閣序》之前，就是先研墨數升，然後以被蒙面而臥，思索一段時間，忽然坐起，揮筆疾書，一氣呵成。

《宋史·徐積傳》也有關於「腹稿」的記載：「自少及老，日作一詩，為文率用腹稿，口占授其子。」後來，人們就把預先想好而沒有寫出來的文稿稱為「腹稿」。

杜撰的來歷

「杜撰」一詞的意思，每個人都知道。但是，「杜撰」這個詞語的來歷，卻有一段軼聞，很少人知道。

古時候，有一個叫做杜默的人，喜歡作詩。但是他寫的詩，內容空泛，不著邊際，毫無真情實感。而且，他的詩不講求韻律，有人說他寫的東西，詩不像詩，文不像文，實在是不倫不類。因此，人們看到不像樣的詩文就會脫口而出：「這是杜默撰寫的。」後來，這句話逐漸簡化為「杜

撰」。再後來，「杜撰」又被引申為沒有根據地編造的意思。

上乘的來歷

上乘，在現代漢語中，一般是指境界高妙的文學作品和造工精巧的工藝品。究其來源，出自一個佛教用語。

根據歷史記載，佛教是以車輪的道理來喻釋佛法。但是事實上，拜佛修行的人接受能力不一，有高有低，佛門把其接受能力分為三種不同情況，稱為「三乘」，即「聲聞乘」、「緣覺乘」、「菩薩乘」。「菩薩乘」是接受能力最優秀的，稱為「上乘」，又叫做「大乘」。

詩人之隅的由來

舉世聞名的「詩人之隅」，位於倫敦泰晤士河畔的西敏寺中，它是英國文豪們長眠之所。

《坎特伯雷故事集》的作者、「英國詩歌之父」喬叟，最早入葬「詩人之隅」。後來，英國詩人詹森、白朗寧、丁尼生，小說家狄更斯、哈代也葬於此地，以示對喬叟的仰慕和追隨。後來，這塊墓地就有「詩人之隅」（西方國家泛稱文學家為詩人）的美稱。

信尾問「安」十種

給父母及長輩的信稱：金安、鈞安、崇安、頤安。

給夫婦的信稱：雙安。

給女性親戚的信稱：坤安、壼安。

給病人的信稱：痊安。

給旅人的信稱：旅安。

給士人的信稱：道安、文安、善安、撰安。

給教師的信稱：鐸安。

給商人的信稱：籌安、財安。

給朋友的信稱：（隨著時令變化）春安、夏安、秋安、冬安、暑安、大安、時安、遷安、台安、爐安。

官場間信彼此稱：升安、勳安、觀安、鞀安。

 四種「言」

名人說過的話——名言，含有教益的話——格言，告誡規勸的話——箴言，預見未來的話——預言，臨走留下的話——留言，誠懇勸告的話——忠言，應允別人的話——諾言。

開玩笑說的話——戲言，抱怨別人的話——怨言，虛假不實的話——謊言，無中生有的話——謠言，動聽騙人的話——甜言，魯莽粗野的話——粗言，挑撥離間的話——讒言。

別 有十五種

分手辭行曰：「告別」，握手告辭曰：「握別」，拱手辭別曰：「揖別」，揮手告辭曰：「揮別」，親吻離去曰：「吻別」。

叩拜辭行曰：「拜別」，設宴送行曰：「餞別」，致謝告辭曰：「謝別」，臨別贈禮曰：「贈別」，離別留言曰：「留別」。

前往送行曰：「送別」，丟開離去曰：「拋別」，不願分別曰：「惜

別」，長久分別曰：「闊別」，永久分別曰：「訣別」。

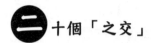
十個「之交」

普通老百姓交的朋友稱為「布衣之交」，有錢人與沒錢人交朋友稱為「車笠之交」，在逆境中結交的朋友稱為「患難之交」，吃喝玩樂結交的朋友稱為「酒肉之交」，行輩不同而交情深厚的朋友稱為「忘年之交」。

幼年相交的朋友稱為「竹馬之交」，交情深厚的朋友稱為「肺腑之交」，親密無間的朋友稱為「膠漆之交」，生死與共的朋友稱為「生死之交」，情投意合的朋友稱為「莫逆之交」。

即使砍頭也不會改變友誼的朋友稱為「刎頸之交」，無意中相遇而結成的朋友稱為「邂逅之交」，在道義上互相支持的朋友稱為「君子之交」，只見過一次面的朋友稱為「一面之交」，感情不深的朋友稱為「點頭之交」。

平淡而浮泛交往的朋友稱為「泛泛之交」，見過面但是不熟悉的人稱為「半面之交」，舊時結拜的兄弟姐妹稱為「八拜之交」，交友不嫌貧賤稱為「杵逆之交」，寶貴而有價值的交往稱為「金玉之交」。

士比亞的四大喜劇和四大悲劇

莎士比亞是英國文藝復興時期的偉大戲劇家，被譽為英國戲劇之父。他一生以飽滿的熱情寫出37部戲劇，其中有四大喜劇：《仲夏夜之夢》、《威尼斯商人》、《皆大歡喜》、《第十二夜》，四大悲劇：《哈姆雷特》、《奧賽羅》、《李爾王》、《馬克白》。

莎士比亞的四大喜劇，是指他早期的作品，充滿人文主義的理想，四

大悲劇是他第二個創作時期的作品。在這個時期，他已經瞭解理想和現實之間存在不可克服的衝突。他反對暴力，主張人道，同情人民的疾苦，但是他又看到人類的作用，促使他寫出抑鬱憤懣的悲劇。

何 時稱女子為「千金」？

以「千金」來比喻女子，最早的文字記載見於元代曲作家張國賓所寫的雜劇《薛仁貴榮歸故里》：「你乃是官宦人家的千金小姐，請自穩便。」明清以後的話本小說，稱女子為「千金」的更多。

把女子稱為「千金」，與中國古代的貨幣單位有密切關係。兩千多年以前，秦代以一鎰（20兩）為一金。秦漢時期的金，大多指黃銅而言，那個時候的千金為銅千金。後來，「千金」又演變為貴重之意，例如：一字千金、一刻千金。最後，未婚女子被尊稱為「千金」。

圖 書館溯源

藏書之舉，起源甚早，大概可以上溯到周代。周代設置「史」這個官吏，專門掌管四方之志以及三皇五帝之書。

漢代設立國家藏書館，其中有專門抄寫書籍的人員，並且訂出標準本。漢代的蘭台、石室、麒麟閣，都是藏書的地方。隨著造紙術和印刷術的發明和運用，刻書業日益發展，藏書也越來越豐富。南朝梁武帝時期，文德殿藏書有二萬三千多卷。唐玄宗特設修書院，專門掌管抄校書籍，在長安抄寫五萬一千多卷書。明清時代，國家藏書更是規模宏大。與此同時，私人藏書也開始發展起來，明代范欽的藏書樓「天一閣」，是中國現存最古老的私人圖書館，始建於嘉靖末年，原有藏書七萬多卷。

藏書日益增多，對圖書的整理、分類、彙編、輯佚應運而生。漢代學

者劉向和劉歆父子編定的中國歷史上第一部圖書分類目錄《七略》，也是世界上最早的圖書目錄之一。

在中國，開始有現代意義的圖書館，大概在清代光緒年間，正式公文上出現圖書館這個名詞，是在宣統元年（1909年）。

典的由來

字典，是以字為單位，對每個字註明讀音、意義、用法的工具書。

中國的字書，源遠流長。相傳，西元前8世紀周宣王太史史籀，用四言韻句編寫一部教導兒童識字的啟蒙讀本，叫做《史籀篇》。這就是中國最早的字書，也可以說是字典的雛形。現在所見，是收錄在《說文解字》的《史篇》，以及所錄的「籀文」二百二十三字。

中國最早的字典，是東漢許慎編撰的《說文解字》（當時稱為字書），全書共十五篇，收字一萬零五百一十六個，按照文字形體偏旁構造，分列五百四十部，開創部首編排法，是世界最古老的字書之一，原本已經失傳，現行的《說文解字》是經過宋代徐鉉和徐鍇兄弟重新整理的。

康熙四十九年（西元1710年），康熙皇帝命令文華殿大學士兼戶部尚書張玉書為首，負責編纂一部大型字書，歷時六年成書，全書共四十二卷，收字四萬七千零三十五個。康熙皇帝認為這部書「善美兼具，可奉為『典常』」，並且取名：「字典」，即《康熙字典》。這就是「字典」這個名詞的來源。

什麼是「三十六計」？

《三十六計》是一部兵家「詭詐之術」，專門探討「鋪謀定計」的古

代兵書。

「三十六計」是：瞞天過海、圍魏救趙、借刀殺人、以逸待勞、趁火打劫、聲東擊西、無中生有、暗渡陳倉、隔岸觀火、笑裡藏刀、李代桃僵、順手牽羊、打草驚蛇、借屍還魂、調虎離山、欲擒故縱、拋磚引玉、擒賊擒王、釜底抽薪、混水摸魚、金蟬脫殼、關門捉賊、遠交近攻、假道伐虢、偷樑換柱、指桑罵槐、假癡不癲、上屋抽梯、樹上開花、反客為主、美人計、空城計、反間計、苦肉計、連環計、走為上策。

喝墨水的由來

北齊朝廷曾經下過命令：在考試的時候，對「成績濫劣者」要罰喝墨水。喝多少墨水，按照濫劣的程度決定。梁武帝時期，規定「差謬者罰飲墨汁一斗」。《隋書‧儀禮志》也有規定：士人應試的時候，書跡濫劣者要罰飲墨水一升，甚至秀才或孝廉在會試時，監考官發現「文理孟浪，書寫濫劣」，也要到專設的房間裡去喝墨水。這個荒唐法規沿襲幾個朝代，後來雖然沒有實行，但是用「喝墨水」多少來形容知識多少，卻保留在辭彙裡。

漫談文房四寶

自古以來，筆、墨、紙、硯被譽為「文房四寶」。湖筆、徽墨、宣紙、端硯久負盛名，更是寶中之寶。

湖筆，在毛筆中獨佔鰲頭，具有尖、齊、圓、健的特點。據說，秦始皇派大將蒙恬監造長城。有一次，蒙恬偶然看到城牆上沾有一撮羊毛，就隨手扯下來，捆在一根木枝上，造出中國第一支毛筆。浙江吳興善璉鎮修建「蒙恬祠」，當地人開始製筆生涯。

徽墨，原產於安徽歙州，始造於唐朝末年。其墨色澤肥厚，質地沉重，再加上獨具匠心的搗煙和膠方法，使得墨「光澤如漆，其裡如玉」。

宣紙，唐代開始出產於安徽宣城涇縣，因此得名。宣紙以楮波和稻草為原料，製作技術獨特，工序複雜，種類繁多，白度高，拉力強，透墨性能好，而且最耐老化，通常用於作畫和毛筆書寫。

端硯，產於廣東肇慶端溪。端硯細而不滑，堅而不燥，已經有一千五百年的歷史。端硯顏色凝重端方，質地濕潤細膩，花紋隱約深沉，又可以加工成工藝品。端硯集硯台和藝術品於一體，特別受到人們的喜愛。

稿費的由來

「稿費」起源於隋朝。有一次，隋文帝叫一個官員起草詔書，另一位官員從旁戲說：「筆乾了。」一位叫做鄭譯的官員趁機說：「不得一錢，何以潤筆。」（典出《隋書》）從此，那些文人把文章賣給別人所得到的報酬，就叫做「潤筆」。有些文人還在各種文體上訂明報酬數目，稱為「潤例」。報紙創刊之後，作者向報社投稿所得到的報酬，就叫做「稿費」。

圓珠筆的由來

據說，最早發明圓珠筆的是美國人，名叫約翰‧勞德。他為了在皮革表面畫記號，苦心鑽研，終於在1888年設計並且製造筆端帶圓珠的筆（當時的筆，還沒有儲油裝置）。後來，匈牙利記者比羅‧拉斯洛‧約瑟夫吸取前人經驗，也創造一種圓珠筆。1916年，法國人利斯伯又設計一種圓珠筆，在結構上已經類似於近年以來的產品。1944年，美國冒險家

米爾頓・雷諾在芝加哥將其已經研製的筆加以改頭換面，進行大量生產和出售以牟取暴利，還把其生產的圓珠筆故弄玄虛地命名為「原子筆」，以招徠顧客。

什麼是「諾貝爾獎金」？

阿爾弗雷德・諾貝爾（1833～1896），瑞典著名的發明家和化學家，生前主要致力於炸藥的研究，在其他方面也有很多發明，總共獲得八十五項發明的專利權。

諾貝爾非常關心和平與進步事業，希望用自己的發明造福於人類。他終身未娶，把畢生精力全部貢獻於科學事業。

1895年11月27日，諾貝爾寫下遺囑，捐獻全部財產三千一百二十二萬瑞典克朗（相當於二百八十三萬英鎊）設立基金，每年把利息作為獎金，授予「對人類做出最大貢獻的人」。根據諾貝爾生前遺囑設立的諾貝爾獎金，分為物理、化學、醫學（或生理學）、和平、文學五項，從1901年開始，在每年12月10日（即諾貝爾逝世紀念日）授獎。獲獎者被授予一份證書，一枚帶有諾貝爾頭像和銘文的金質獎章，以及一定數量的獎金。從1968年開始，又增設諾貝爾經濟學獎，也於每年頒發一次。

鋼筆的由來

鋼筆，人們稱它為硬筆。提到它的發明，還有一段有趣的故事。

1809年，美國人華特曼在一家保險公司當營業員。有一次，他和顧客做一筆數額巨大的生意，當華特曼遞給顧客羽毛筆並且請他在合約上簽字時，羽毛筆漏出一灘墨水，竟然把合約弄髒了。華特曼只好去拿一份新合約，就在這個時候，有一位競爭對手乘虛而入，與這位顧客簽訂合約，

搶走這筆生意。這個教訓非常深刻，華特曼決定設計一種可以自動控制墨水而且使用又方便的筆。後來，他從植物內毛細管輸送液體的原理中受到啟示，經過多次試驗，終於製成鋼筆。從此以後，鋼筆製造逐步風靡全世界。

派 克筆的由來

美國有一個叫做派克的中學教師，因為薪水低，教書之餘，還兼任修筆工。後來，他放棄教師工作，開設製筆公司，取名「派克製筆公司」。

第二次世界大戰期間，派克為了適應軍隊需要，試製一種「清水筆」，在筆管內放入墨汁以後，只要吸進清水，就可以書寫，受到部隊的歡迎。

派克的兒子肯尼斯‧派克繼承父業以後，設計一種自來水筆，使用快乾墨水。在派克公司成立五十一週年時，他把這種自來水筆定名為「派克五十一型」，並且大量生產，佔據世界自來水筆市場。

學 位和學銜的來歷

教授、副教授、講師、助教，是高等院校教師職務的名稱；研究員、副研究員、助理研究員、實習研究員，是科學研究機構從事研究工作人員職務的名稱。以上這些名稱，總稱為「學銜」，博士、碩士、學士是學位的名稱。

學位制度，起源於中世紀的歐洲。1130年，義大利的波隆那大學首次授予一位研究古羅馬法的學者博士學位，不久之後，又出現碩士的稱號。博士為學位的第一級，碩士為學位的第二級。13世紀初期，法國巴黎大學首創學士制，作為學位的最低一級。法國最初的學士稱號，是大學

「錄取學生」的同義詞。但是英國的學士學位，是作為大學畢業生成績良好的憑證。後來，世界上很多國家都是採用英國授予學士學位的方法，一直沿用至今。

學銜與學位之間的關係，從來沒有全世界統一的標準，都是各國根據各自的實際情況而制定。

記者的由來

世界上最早的記者，是在歐洲威尼斯誕生的。16世紀的威尼斯，是歐洲的經濟中心，商業活動非常頻繁，各國商人和銀行家以及達官貴人紛紛來到這裡，進行商業競爭或是享受資本主義的繁華生活。他們聚集在城裡，迫切需要瞭解和掌握涉及切身利益的世界各地消息。這樣一來，有些人就投其所好，專門收集有關政治事件、物價行情、船舶起航等方面的消息，或手書成單篇新聞，或刊刻成報紙，然後公開出售。人們根據他們工作的特點，分別稱他們為：報告記者、手書新聞記者、報紙記者。這些專門以收集和販售新聞為生的人，就是世界上最早的職業記者。

英語小考

在英語中，牲畜和宰殺以後的牲畜肉，說法往往不同。例如：活牛稱為ox，牛肉叫做beef；活豬稱為pig，豬肉叫做pork；活羊稱為sheep，羊肉叫做mutton。

為何會這樣？法國戲劇家薩沙・吉特里指出：13世紀時期，英國的牧民多數是德國人，所以家畜名稱多數來自於德語，但是廚師多數為法國人，所以家畜肉類的說法與法語相近。

心學堂 17

包山包海，有趣有料
很冷很冷的冷知識

作者	黃蓉
美術構成	騾賴耙工作室
封面設計	ivy_design
發行人	羅清維
企劃執行	張緯倫、林義傑
責任行政	陳淑貞

企劃出版	海鷹文化
出版登記	行政院新聞局局版北市業字第780號
發行部	台北市信義區林口街54-4號1樓
電話	02-2727-3008
傳真	02-2727-0603
E-mail	seadove.book@msa.hinet.net

總經銷	知遠文化事業有限公司
地址	新北市深坑區北深路三段155巷25號5樓
電話	02-2664-8800
傳真	02-2664-8801
網址	www.booknews.com.tw

香港總經銷	和平圖書有限公司
地址	香港柴灣嘉業街12號百樂門大廈17樓
電話	（852）2804-6687
傳真	（852）2804-6409

CVS總代理	美璟文化有限公司
電話	02-2723-9968
E-mail	net@uth.com.tw

出版日期	2022年07月01日　二版一刷
定價	300元
郵政劃撥	18989626　戶名：海鴿文化出版圖書有限公司

國家圖書館出版品預行編目（CIP）資料

包山包海，有趣有料，很冷很冷的冷知識 ／ 黃蓉作.
-- 二版. -- 臺北市 ： 海鴿文化，2022.06
面 ； 公分. -- （心學堂；17）
ISBN 978-986-392-458-6（平裝）

1. 常識手冊

046　　　　　　　　　　　　　111008296

SeaEagle

SeaEagle

SeaEagle

SeaEagle